실패한 투자로 겁먹은 당신을 위한 주식 투자법

가장 완벽한 투자

실패한 투자로 겁먹은 당신을 위한 주식 투자법

가장 완벽한 투자

니콜라 베루베 지음 | 안희준 옮김

FROM
ZERO
TO
MILLIONAIRE

토트

모처럼 유익한 책을 읽었습니다.

『가장 완벽한 투자』는 누구나 쉽게 따라 할 수 있고 시간도 많이 필요하지 않지만 투자 수익률이 보장되는, 워런 버핏도 추천한 투자법을 소개하는 좋은 책입니다.

시중에는 투자법을 알려주는 책이 많이 나와 있습니다. 그러나 그런 투자법은 따라 하기 어렵고 적용하는 데 많은 시간이 걸리며 무엇보다 높은 수익이 날지 의문인 경우가 많습니다. 『가장 완벽한 투자』는 왜 이 투자법을 따라야 하는지 풍부한 최신 통계 자료와 재미난 사례를 예시로 들어가며 설득력 있게 설명하고 있습니다. 이 책은 우리가 투자에서 성공하려면 인간의 본능인 공포와 근시안적 사고를 극복해야 함을 알려줍니다.

가끔 신간 추천사를 써달라는 요청이 들어옵니다. 사실 그런 의뢰는 저를 곤혹스럽게 하는 경우가 많습니다. 책 내용이 제 생각과 다르거나 함량이 부족한 데 부탁 때문에 추천사를 써도 될까 하는 고민이 들기 때문입니다. 그래서 저는 대부분 내용을 보기 전에 미리 추천사 의뢰를 거절하곤 합니다. 그런데 『가장 완벽한 투자』는 진심으로 추천할 만한 책이라는 판단이 들어서 기꺼이 마음을 내게 되었습니다.

이 책은 누구에게나 도움이 되겠지만 특히 주식 투자 입문자에게 꼭 추천하고 싶습니다. 서가에 두고 필요할 때마다 다시 읽고 싶을 만큼 투자에 도움이 되는 책입니다. 이 책의 프랑스어판과 영어판이 베스트셀러가 되었다고 하는데 읽어 보니 그럴 만하다는 생각이 들었습니다.

이 책에서 소개하는 투자법은 한국 시장에서도 유효하겠지만 미국 시장에서 더 효과적일 것이라고 생각합니다. 미국 주가 통계를 보면 주가는 장기적으로 상승합니다. 미국 주가는 제2차 세계대전, 한국전쟁, 냉전 시기, 베트남전쟁, 중동전쟁, 이라크전쟁, 9·11 사태, 사스, 코로나19 팬데믹 같은 시기를 보내고 난 뒤에도 꾸준히 상승했습니다. 한마디 덧붙이자면 상승 기간과 하락 기간을 나누어 보면 약 70퍼센트 기간은 상승하고 약 30퍼센트 기간은 하락합니다. 장기 상승 중에는 가끔 큰 폭의 하락이 나옵니다. 통계적으로 1년에 한 번꼴로 마이너스 10퍼센트 이상 하락합니다. 그리고 3.5년에 한 번꼴로 마이너스 20퍼센트 이상 하락합니다. 이처럼 주가가 급락했을 때가 주식을 싸게 살 수 있는 좋은 기회입니다.

『가장 완벽한 투자』에서 소개하는 투자법에 따라 투자한다면 주식에 서툰 투자자라도 분명히 좋은 성과를 낼 수 있을 것입니다. 주식을 처음 시작하는 투자자나 이미 실패를 경험해 주저하는 투자자 모두에게 이 책이 큰 도움이 되리라 확신합니다.

- 우석

우석

성공한 투자자이며 금융 전문 작가로서 『부의 인문학』, 『부의 본능』, 『초보자를 위한 투자의 정석』, 『인생투자』 등 출간하는 책마다 베스트셀러에 올랐다. 주식 암흑기에조차 높은 수익률로 '우석신화'를 경신해 이론과 실전 양수겸장으로 인정받고 있다. 네이버카페 '칸트생각'을 운영하며 투자와 삶의 지혜를 나누고 있다.

손실을 값진 경험으로
만드는 법

마침내 내가 홈즈의 말을 끊고 이야기했다. "자네는 이미 갖고 있는 증거에는 별 관심이 없어 보이네." "아직은…." 홈즈가 대답했다. "모든 증거를 수집하기 전에 가설을 세우는 것은 아주 치명적인 실수야. 그렇게 하면 판단을 그르칠 수 있다네."

- 아서 코난 도일 『셜록 홈즈의 모험』 중에서

침대 옆 탁자에 쌓인 책들이 간밤에 머리 위로 쏟아질 듯했지만 내 생각은 다른 곳에 가 있었다. 나는 곧 부자가 될 터였다. 당시 서른세 살이었던 나는 보헤미안풍이 돋보이는 서부 대도시 로스앤젤레스의 실버 레이크 지역에 살고 있었다. 나는 주식 시장이 곧 폭락할 것이라고 확신했다.

2010년, 미국 경제가 자유 낙하를 하던 시기로 1930년대 대공황 이후 가장 심각한 금융 위기가 왔다. 월스트리트에서는 대형 은

행과 투자 은행 직원 수백 명이 박스를 하나씩 들고 회사 앞에서 멍하니 하늘을 바라보고 있었다. 내가 사는 동네에도 수십 개의 상업용 공간이 텅 빈 채 매매 또는 임대로 나와 있었다. 미국이 쇠퇴하는 모습이 눈에 보였다. 하락세는 끝이 안 보이는 것 같았다. 하지만 급격한 하락 이후 불과 몇 달 만에 미국 증시는 무려 60퍼센트나 반등했다. 대다수의 사람들은 이 같은 상승세에 큰 의미를 두지 않았고 오히려 새로운 더 큰 폭의 조정(시장 하락)이 임박했다고 믿었다. 나도 그중 한 명이었다.

마이클 루이스(Michael Lewis)의 『빅숏 Big Short』[1]과 그레고리 주커만(Gregory Zuckerman)의 『위대한 거래 The Greatest Trade Ever』[2] 등 금융 위기에 관한 책을 여러 권 읽었는데 이런 책에서는 미국 주택 시장의 거품 붕괴를 미리 예측하여 수익을 낸 영악한 투자자의 이야기를 다루고 있다. 상승장에서 동료의 조롱을 견디며 나중에 시장이 폭락했을 때 현명한 선구자가 된 이 고집스러운 사람들의 이야기에 매료되었다. 이번에는 내가 그 선구자가 되기로 결심했다.

당시 나는 몬트리올에 있는 아파트를 팔아 1만 달러의 수익을 올렸다. 월스트리트가 곧 붕괴할 것이라는 아주 단순한 판단으로 아파트 판매 수익을 투자하기로 결정했다. 풋옵션(put option)에 베팅했는데 풋옵션은 연계된 주식 가격이 하락하면 가치가 상승하는 금융 상품이다. 시카고 증권거래소에서 옵션을 거래할 수 있는 증권 계좌를 개설해야 했다. 이전에는 이런 일을 해 본 적이 없기에 나처럼 시장이 폭락할 것이라고 생각하는 작가들이 쓴 책과 블로거의 글을 읽으며 어떻게 거래하는지를 배웠다. 내 계획은 시장이 나에게 유리하게 기울자마자 추가로 베팅하는 것이었다. 나는 다른 사람들이 미처 생각하지 못하는 것을 보는 사람처럼 열의를 갖고 결단력을 발휘했다.

첫날부터 돈을 잃었다. 계좌를 들여다볼 때마다 가슴은 쿵쿵 뛰었다. 원금 1만 달러가 한번에 수백 달러씩 줄어들었다. 주식 시장은 폭락은커녕 계속 상승했다. 하지만 나는 낙담하지 않았다. 상처 하나 없이 산을 오를 수는 없지 않은가?

몇 달 후 결과가 분명해졌다. 나는 실패했다. 마침내 모든 것을 정리하기로 결심했을 때 내 옵션의 가치는 수백 달러에 불과했다. 이것이 주식 투자에 관한 시험이었다면 나는 빨간 잉크로 '0점'이라고 크게 표시된 답안지를 받았을 것이다. 1만 달러가 얼마나 큰돈인지는 잘 모르겠지만 돈을 너무나 빨리 잃어버렸다는 점을 받아들이기 어려웠는지 나는 꽤 자주 그 상황을 뒤돌아보곤 했다. 스스로에게도 설명할 수는 없지만 나는 그 돈이 내 삶에서 그냥 사라지는 것을 두고 볼 수가 없었다. 오히려 금융 시장이 어떻게 작동하는지 자세히 알아보기로 결심했다.

다시 투자를 시작하기까지

그 후 몇 년 동안 금융과 투자에 관한 책을 읽으며 수천 시간을 보냈다. 모니쉬 파브라이(Mohnish Pabrai), 모건 하우절(Morgan Housel), 앤드류 할램(Andrew Hallam), 피터 아데니(Peter Adeney, Mr. Money Mustache 라는 필명으로 글을 쓰는 인기 블로거) 등 우리 시대 최고의 투자자와 금융 분야의 저술가를 인터뷰할 수 있었다. 나는 금융 시장의 역사를 파악했고 대부분의 투자자가 저지르는 실수와 장기 투자에 필요한 검증된 기법을 배웠다. 역사상 가장 위대한 투자자로 꼽히는 워런 버핏, 찰리 멍거, 벤저민 그레이엄, 존 보글 등 금융계 거물의 삶과 저술도 심도 있게 살펴보았다. 내가 주식 시장의 종말에 베팅하느라 한창 바쁠 때 버핏과 멍거는 사탕 가게에 들어온 아이들처럼 두 손 가득 주식을 사고 있었다.

나는 하루빨리 부자가 되겠다는 욕심에 지난 400여 년 동안 성공적이었던 주식 투자의 모든 정석을 어겼다는 사실을 깨달았다. 주식 시장은 카지노가 아니며 허풍을 떨거나 속임수를 쓰는 게임도 아니라는 사실을 알게 되었다. 단시간에 돈을 벌 수 있을 것이라고 생각했던 사람들이 여러 세대에 걸쳐 나와 같은 상황에 처해 피투성이가 되었다. 동시에 황량할 것이라고만 상상했던 이 세계에는 매혹적인 캐릭터가 있고, 버는 자와 잃는 자가 있고, 돈을 벌게 될 것이라는 기대감에 취해 몇 배씩 증폭하는 인간의 모든 감정이 넘쳤다.

부끄러운 실패를 경험한 2년 뒤, 나는 다시 투자를 시작했다. 이번에는 후회하지 않았다. 시간이 조금 더 흐른 뒤에는 투자자라면 누구나 실수를 한다는 사실도 알게 되었다. 워런 버핏도 20대 초반, 업무 지식과 경험이 없던 시절에 저지른 무모한 투자로 20퍼센트의 손실을 입은 경험이 있다고 말한 바 있다. 버핏에게는 그 20퍼센트의 손실이 오늘날 수십 억 달러에 달하는 값진 경험이었을 것이다. "상당히 뼈아픈 실수였다"고 그가 말했다.[3]

이 책을 쓴 목적은 당신이 현명한 투자자가 되기 전에 수천 달러를 잃는 사태를 막기 위해서다. 안타깝게도 당신이 이미 그런 경험을 했다면 이 책은 더 좋은 약이 될 수도 있다. 당신이 그 아픈 경험을 교훈으로 활용할 수 있도록 도울 것이니 말이다.

실수를 예방하기 위한 몇 가지 교훈

나의 첫 번째 책 『백만장자는 당신이 생각하는 그런 사람이 아니다 *Millionaires Are Not Who You Think They Are*』의 핵심 내용은 부(富)는 급여 인상이나 연말 보너스에서 찾을 수 있는 것도, 특별히 별난 투자를 해야 얻을 수 있는 것도 아니라는 사실이다. 부는 지금 당장 당신이 가진 돈을 어떻게 쓸 것인가에 대한 선택에 숨어 있다.

책을 출간한 후 여러 차례 강연을 했다. 매 강연이 끝나면 청중

들과 30~40분 정도 이야기를 나누었다. 나는 인터뷰했던 백만장자들의 삶에 대한 질문을 받거나 내가 제시한 통계에 대해 설명해야 할지도 모른다고 예상했다. 하지만 사람들의 실제 질문은 예상밖이었다. 손을 든 모든 사람들이 알고 싶어 한 것은 어떻게 주식에 투자할 것인가에 대해서였다.

강연을 마치고 집으로 돌아오면서 나는 독자들과의 교류에서 행복감을 느꼈다. 하지만 동시에 약간 얼떨떨한 기분도 들었다. 나로 인해 사람들이 투자자가 될 수도 있겠다는 생각이 들었기 때문이다. 마치 아름다운 먼 나라에 대해 이야기하면서 그들에게 배낭과 등산화를 챙겨 떠나라고 부추긴 것 같았다. 하지만 나는 사람들이 올바른 결정을 내릴 것을 안다. 또한 그 과정에 어려움, 의심, 두려움이 있다는 점도 안다. 나 또한 그렇게 살았고 지금도 매일 그렇게 살고 있다. 이러한 생각이 내가 이 책을 쓰도록 이끌었다.

투자에 대해 이야기하다 보면 이 분야에는 신화, 선입견, 불안한 믿음이 가득하다는 것을 알게 된다. 돈은 언제나 의심스러운 투자 전략을 끌어들이는 자석 역할을 했다. 그 어느 때보다 많은 사람들이 주식 투자에 참여하고 있는 지금, 대다수의 투자자는 자신이 무언가를 놓치고 있다고 느낀다. 친구나 동료들이 얼마나 잘나가고 있는지에 대해 이야기하는 것을 들으면서 왜 자신의 투자는 지지부진한지 궁금해한다. 좀 더 모험적인 회사의 주식을 사야 하는 것일까? 재무 설계사나 포트폴리오 매니저를 바꾸어야 할까? 시간이 지나면서 가치가 급격히 상승할 주식을 알려줄 특별한 사람을 찾아야 할까?

이 책은 그러한 질문에 답하려고 한다. 금융 업계는 자신들의 존재를 정당화하기 위해 복잡하게 만들려고 애쓰지만 사실 투자는 아주 단순한 작업이다. 그래서 내가 저지른 실수를 당신이 반복하지 않도록 투자에 관한 몇 가지 중요한 교훈을 이야기하려 한다. 이 책이 당신의 시행착오를 줄이는 데 도움이 되기를 바라며….

- 니콜라 베루베

모든 것이
무너져 내릴 거야!

무엇이 위험 신호인지 모른다면 모든 것이 잘못되고 있다는 증거다.

- 크리스 해드필드(Chris Hadfield)_캐나다 우주 비행사

"내 생각에 미국은 다시 회생할 것 같지 않아."

몇 년 전 샌프란시스코에 있는 한 식당에서 점심을 같이 먹던 친구가 이렇게 중얼거렸다. 젊은 웨이터가 편안하면서도 세련된 복장으로 공정 무역 원두로 만든 에스프레소와 글루텐프리 빵을 손님들에게 가져다주었다. 식당 입구 쪽에는 특수 커버로 말아 놓은 다양한 색깔의 요가 매트가 신에게 바치는 제물처럼 뒤엉켜 있었다. 방금 내가 미국의 미래가 희망적이라는 이야기를 한 직후다. 하지만친구는 그렇게 생각하지 않는 듯했다.

"월스트리트를 살리는 유일한 길은 달러를 평가 절하하는 거야"라고 그가 말했다. "달러는 더 이상 금으로 뒷받침되지 않아. 미국

경제는 붕괴될 거야. 피할 수가 없어."

"금을 담보로 달러를 사용하지 않은 지는 벌써 한참 되었잖아."
내가 대꾸했다.

"맞아, 하지만 이제야 사람들이 조금씩 깨닫고 있어."

나는 친구에게 재난에 대비해 지하실에 통조림을 보관하는 타입
이냐고 물었다.

"그래, 1년은 충분히 버틸 만한 식량을 보관하고 있지." 그가 대
답했다.

나는 해시브라운 한 조각을 입에 넣었다. 친구 뒤쪽으로 한 여성
이 인도를 따라 BMW 스테이션 웨건을 주차하고 있었다. 친구가 자
조하듯이 웃으며 덧붙였다.

"맞아, 나는 미리미리 준비하는 타입이야."

"금 투자도 하고 있어?"

"물론이지! 하지만 금은 실물을 사야지 그렇지 않으면 쓸모가 없
어. 지금 금을 보관하기 위한 방법을 찾고 있어. 그런데 너는 왜 미
국인들이 아프가니스탄에 집착한다고 생각하니? 바로 희토류(주기
율표상 3족인 스칸듐, 이트륨과 란타넘계 원소 15종 등 총 17종의 원소를 지칭함) 때문
이야! 말리 지역도 마찬가지고…. 소수의 가문이 전 세계 은행 시스
템을 통제하고 있어. 그들이 월스트리트를 지원하는 것이고…. 모든
것이 무너져 내릴 거야."

우리가 이 대화를 나눈 지 10년이 지났다. 그사이 전 세계 주식의 시장가치 가운데 절반 이상을 차지하는 미국 주식의 시장가치는 기업의 생산성과 이익이 지속적으로 개선되면서 4배 증가했다. 반면에 금값은 우리가 함께 점심을 먹었던 날보다 더 떨어졌다.

친구는 샌프란시스코에 있는 첨단 기술 기업에서 일하는 뛰어난 인재다. 지구상 가장 살기 좋은 도시에서 가장 비싼 지역에 위치한 멋진 집에 사는 전문가다. 친구가 틀렸다는 것을 보여주기 위해 이야기하는 것이 아니다. 머리말에서 썼듯이 나 역시 주식 시장이 극적으로 폭락할 것이라고 예견했고 그 일로 초보 투자자로서의 짧은 투자 경력을 거의 끝장낼 뻔했다. 즉 당신이 다른 사람에게 주식 투자에 관해 이야기하면 금방 다음과 같은 부정적인 말을 들을 가능성이 높다.

"주식은 도박이나 다름없어!"

"폭삭 망할 거야, 정신 차려!"

몇 년 전 크리스마스 파티에서 가족 중 한 사람이 주식 시장에서 곧 대재앙이 일어날 것이라는 이야기를 했다. 그는 반짝이는 크리스마스트리 앞에서 맥주병을 손에 들고 내게 말했다.

"전부 팔았어요."

"주식 시장이 너무 많이 올랐고 연일 기록을 경신하고 있어요. 불길한 예감이 들어요. 다음 폭락은 그 어느 때보다 파괴적일 거 같아요."

몇 달 후 이웃 가운데 한 사람도 똑같은 두려움을 언급했다.

"한바탕 홍역을 치를 것 같아요."

그들의 예측이 완전히 틀린 것은 아니다. 결국 그 후 몇 년 동안 주식 시장은 침체를 벗어나지 못했다. 하지만 현재 시장은 그들이 불길한 전망을 했던 그 당시보다 더 높은 수준이다. 물론 내 표본이 작고 일화에 불과하다는 점을 인정한다. 그런데 내 주변에는 시장의 미래를 알기 위해서는 직감에 귀를 기울여야 한다고 믿는 사람들이 언제나 있다. 그리고 그들 대부분이 자신의 분야에서는 유능하고 남들이 부러워할 만한 경력을 가진 고학력 남성들이다. 파국이 곧 닥칠 것이라는 직감은 가장 용감한 사람, 가장 경험이 많은 시장 전문가를 유혹한다. 그러나 이 직감은 전혀 쓸모가 없다.

투자, 위험 아니면 포상

투자는 포기를 전제로 하는 이상한 행위다. 투자란 나중에 더 많은 돈을 벌기 위해 지금 당장의 소비를 포기하는 것이다.

"왜 투자를 하는 것일까?"

사실 이 질문은 이렇게 바꿔야 한다.

"우리에게 선택권이 있는가?"

정부 연금은 은퇴 후 소득을 보장하는 것이 아니라 보완하도록 설계되었다. 매력적인 은퇴 프로그램을 제공하는 기업은 점점 줄어들고 있다. 자영업자나 전문직 종사자라면 일을 그만둔 뒤에도 수십 년 동안 필요한 생활비를 스스로 마련해야 한다는 사실은 굳이 설명하지 않아도 안다.

투자에는 위험이 따른다. 하지만 '투자하지 않는 것'은 훨씬 더 큰 위험을 수반한다. 금융 자산에 투자하면 매달 월급으로 생활을 꾸려 가는 게 아니라 평생 자유를 누릴 수 있다. 1년 동안 긴 휴가를 내 여행을 떠날 수도 있고 자동차나 부동산을 살 때 은행의 도움을 받지 않아도 된다. 비용이 많이 드는 돌발 상황에 단 몇 초 만에 대처할 수 있고 도움이 필요한 사람들에게 아낌없이 기부할 수도 있다. 사실 이런 것은 투자자가 가진 초능력의 일부에 불과하다.

투자는 학교에서 가르치지 않기 때문에 대다수의 사람들은 투자를 너무 복잡하고 위험하거나 추상적이라고 생각한다. 현명한 투자가 사실은 매우 간단하고 거의 모든 사람이 할 수 있는 일이라는 점을 모른다. 그 결과 대부분의 사람들이 다른 분야에 투자할 생각을 못 한다. 주택이나 아파트를 구입하여 모기지를 지불하면서 주거용 부동산 투자로는 꿈도 꿀 수 없는 부자가 될 기회를 놓치고 있다는 사실을 깨닫지 못한다.

주택 매각으로 버는 수익이 눈에 확 띄는 이유는 그것이 대부분의 사람들에게 수십만 달러 혹은 그보다 큰돈과 마주하는 유일한 순간이기 때문이다. 아주 소박한 집이라도 주택 가격은 사람들에게 비교할 수 없는 가치가 있기 때문에 매혹적이지 않을 수 없다. 워런 버핏은 현재 살고 있는 네브래스카주 오마하에 있는 집을 1958년에 구입했다. 당시 3만 1,500달러를 지불했다. 현재 그 부동산 가치는 70만 달러에 달한다. 하지만 3만 1,500달러를 주식에 투자했다면 아마 오늘날 그 투자 가치는 2,300만 달러 이상일 것이다. 버핏이 평생 별장이 아니라 주식을 사들이고 자신의 집을 '버핏의 어리석음'이라고 불렀다는 점을 잊으면 안 된다.

부자들이 다른 사람들보다 더 빨리 부자가 되는 이유는 그들이 재산의 대부분을 집 안에서 잠자게 두지 않기 때문이다. 부자들은 주식, 뮤추얼 펀드(주식 투자를 목적으로 설립된 법인으로 주식 발행을 통해 투자자를 모집하고 모집된 투자 자산을 전문적인 운용회사에 맡겨 그 운용 수익을 투자자에게 배당금 형태로 되돌려주는 투자 회사), 채권과 같은 금융 자산을 구매하기 때문에 더 부자가 된다.

> ## 40%
>
> 미국 상위 1%에 해당하는 부유층은 순자산의 40%를 주식과 뮤추얼 펀드에 투자하는 반면, 하위 50%는 평균적으로 순자산의 2%만 이러한 유형의 금융 자산에 투자한다.

과거에는 부유층만이 이러한 유형의 금융 자산에 투자할 수 있는 수단과 인맥을 가지고 있었다. 하지만 이제는 더 이상 그렇지 않다. 물론 적은 돈이 투자를 망설이게 하겠지만 넘어설 수 없는 장애물은 아니다. 스무 살부터 하루에 5달러씩 투자하기 시작하면 불필요한 위험을 감수하지 않고도 은퇴 후에 백만장자가 될 수 있다. 경제 신문을 정기 구독하거나 금융 괴짜가 되지 않아도 된다. 성공한 투자자가 되기 위해 비즈니스 스쿨을 다닐 필요도 없다. 오히려 비즈니스 스쿨에서 멀어질수록 돈을 불리는 데 유리하다. 이제부터 그 사실을 하나하나 짚어 보자.

주식 투자를 가르치는 책에서는 유망한 기업을 찾아내는 도구만 있으면 수년에 걸쳐 높은 수익률을 가져올 포트폴리오를 구축할 수 있다고 가정하는 경우가 많다. 하지만 연구자들은 상장 기업의 가치보다는 인간의 감정과 행동이 투자의 성패에 훨씬 더 큰 영향을 미친다고 입을 모은다.

최신 연구에 따르면 우리를 부자로 만들어 줄 주식을 찾는 데 에너지와 시간을 소비하는 일이 오히려 더 우리를 가난하게 만든다고 한다. 실제로 바늘을 찾는 데 시간을 쓰기보다는 건초 더미를 통째로 사는 것이 더 유리하다는 사실을 염두에 두어야 한다. 이 전략은 직관적이지는 않지만 성과를 거둘 수 있고 당신이 세계 최고 수준의 투자자 그룹에 합류할 수 있는 전략이다. 고액 연봉을 받고 고급 승용차를 타고 다니며 도심의 고층 빌딩에서 수백만 달러를 관리하는 금융 전문가들보다 더 높은 수익률을 얻을 수도 있다.

이어지는 내용에서는 전문가보다 더 높은 수익률을 얻고 시장이 폭락할 때 손실을 줄이는 방법에 대해 이야기한다. 1년에 단 1시간도 안 되는 시간만 투입하면 이 모든 것이 가능하다. 그리고 당신이 전문가에게 투자를 맡기기로 결정했다면 투명하고 합리적인 수수료를 부과하고 그들을 고용한 거대 금융 회사의 이익이 아니라 당신의 이익을 위해 최선을 다해 일할 사람을 선택하는 방법을 배울 수 있다.

투자자만 모르는 시장의 진실

재산 증식을 위해 발명된 제도 가운데 가장 강력한 제도인 주식 시장은 신화와 거짓 약속으로 가득 차 있으며 이에 대해 투자자들은 종종 오해를 한다. 이 책에서는 이런 부분들을 자세히 살펴보려고 한다.

1장에서는 주식 시장의 거품이 어떻게 여러 세대에 걸쳐 투자자들을 실망시켰는지, 근대 이론과학의 선구자인 아이작 뉴턴을 어떻게 거품에 휘말리게 했는지를 보여준다. 2장에서는 전문가가 선택하는 주식이 대부분 실망스러운 결과를 초래하는 이유를 살펴본다. 3장과 4장에서는 인덱스 펀드가 어떻게 발명되었는지, 어째서

비웃음을 샀는지 설명한다. 5장과 6장에서는 변호사, 의사, 치과 의사가 최악의 투자자인 이유와 뉴스 미디어가 우리를 부자로 만들어 주지 못하는 이유를 설명한다. 7장에서는 피할 수 없는 시장 침체와 폭락에 대처하는 방법을 설명한다. 8장에서는 일반적인 투자 전문가에게 투자를 의뢰하는 것이 어째서 위험한 해외 휴양지에서 바가지 택시 요금을 내는 것과 같은지를 설명하고, 9장에서는 투자자로서 자신이 원하는 수준의 자율성을 갖고 돈을 투자하는 법, 윤리적이며 책임감 있게 투자하는 방법을 설명한다.

투자자에게 꼭 필요한 좋은 습관

태어날 때부터 투자하는 법을 알고 있는 사람은 없다. 하지만 안타깝게도 세상을 떠나기 전에 투자 방법을 완전히 터득하는 사람도 거의 없다.

> "어떻게 내가 이런 멍청한 짓을 할 수 있었을까?"
> 분노에 사로잡혀 스스로에게 이런 말을 외친 적이 없다면 투자자가 아닙니다.
>
> - 제이슨 츠바이크(Jason Zweig)_금융 전문 작가

체중 감량을 원하는 사람이라면 냉동실에 피자와 감자튀김을 가득 채우면 안 된다는 것 정도는 안다. 체력과 지구력을 높이고 싶은 사람이라면 목표에 가까워지고 있다고 방심한 채 소파에 기대 앉아 담배를 피우며 저녁 시간을 보내지 않을 것이다. 하지만 금융 투자에 관해서는 많은 사람들이 건강을 위한다면서 정크 푸드를 먹는 것과 같은 행동을 한다. 금융 기관이나 금융 전문가들이 훌륭한 투자 조언자라고 생각하는 것도 이와 마찬가지다.

영양 섭취나 신체 운동과 관련된 주요 지침과는 달리 올바른 투자 습관은 학교에서 거의 가르치지 않으며 일반적으로 정부 캠페인 대상도 아니다. 투자라는 주제 자체를 불편해하는 부모들은 자녀에게 관련 지식을 가르치는 경우가 거의 없다. 미디어는 가끔 좋은 단서를 제공하기도 하지만 목표에 가까워지기보다는 멀어지게 할 가능성이 높은 정보를 눈사태처럼 쏟아내 길을 잃게 만든다.

대부분의 사람들에게 투자에 관해 공부하는 일은 주말에 자동차 글러브 박스 속에 묻혀 있는 사용 설명서를 읽는 일만큼이나 재미없다. 그 결과 투자를 통해 부자가 되려는 사람이 오히려 더 가난해지거나 기껏해야 기대 이하의 수익만 얻는다.

올바른 투자 습관은 수십 년 동안 잘 알려져 왔다. 하지만 이 분야의 연구자들이 대중에게 관련 지식을 전달하는 일은 거의 없다. 이 교훈이 이 책의 핵심이다.

유명한 심리학자 데이비드 더닝(David Dunning)은 "유감스럽지만 무지한 마음은 티 한 점 없는 텅 빈 그릇이 아니라 쓸모 있고 확실한 지식처럼 보이는 삶의 경험, 이론, 사실, 직관, 전략, 알고리즘, 추론, 은유, 직감 등이 잡동사니처럼 가득 찬 그릇"이라고 말했다.[4]

나도 이 말에 공감한다. 몇 년 전 주식 시장의 폭락을 예상하고 투자를 시작했을 때 나는 내가 잘못하고 있다는 생각을 하지 않았다. 누군가가 나에게 내가 무슨 짓을 하고 있는지 모른다고 말했더라면 언짢은 반응을 보였을 것이다. 그러나 그 사람 말이 옳다. 나는 내가 무엇을 하고 있는지 실제로 몰랐으니까 말이다.

이스라엘의 외교관인 아바 에반(Abba Eban)은 "국가든 개인이든 다른 모든 해결책을 시도한 후에야 올바른 해결책을 찾고는 한다"고 말했다. 나는 주식 투자자들도 이와 같은 방식으로 투자한다는 결론을 내렸다. 그 이유를 이해하기 위해 18세기 초, 당시 사회에서 가장 저명한 상류층 사람들이 종이 몇 장(주식)에 집착하던 런던 중심부로 가 보자.

차 례

제6장 TV와 알림을 꺼라

제7장 주식 시장의 조정이 주는 기쁨

제 1 장

팽창과 수축

생각하기는 쉽다. 행동하는 것은 어렵다.
하지만 가장 어려운 일은 생각한 대로 행동하는 것이다.

- 요한 볼프강 폰 괴테(Johann Wolfgang von Goethe)_소설가이며 과학자

천체의 움직임보다 복잡한 인간의 광기

아이작 뉴턴은 일생일대의 이번 기회를 놓치지 않을 생각이었다. 1720년 여름, 만유인력 이론을 창시한 천재이자 역사상 가장 위대한 과학자 가운데 한 명인 뉴턴은 재산 대부분을 남해회사(南海會社, the South Sea Company) 주식에 투자하기로 결정했다.

9년 전, 런던의 지식인들이 설립한 남해회사는 스페인 식민지였던 아메리카 신대륙으로부터 노예와 금을 실어 나르는 무역로를 독점 운영할 수 있는 권한을 영국 정부로부터 부여받았다. 당시 영국 국왕인 조지 1세가 이 회사 이사회 멤버였다는 사실이 투자자들에게 자신감을 불어넣었다. 회사는 수익을 거의 못 냈지만 그렇다고 국제 무역의 확장과 함께 승승장구할 것이 확실한 사업에 투자할 기회를 놓칠 이유도 없었다. 남해회사 이야기는 너무나 흥미진진해서 런던에서는 모든 대화의 중심이 되었다.

뉴턴은 1720년 2월 처음으로 남해회사 주식에 투자했다. 몇 달 만에 투자 가치가 두 배로 증가했다. 회사가 투기 광풍에 휩싸였다고 확신한 뉴턴은 같은 해 4월 19일에 주식을 매도해 이익을 실현했다. 하지만 주가는 하락하기는커녕 계속 상승했다. 뉴턴은 자신만 빼고 친구와 지인들의 재산이 하루하루 늘어나는 것을 지켜보았다. 주식을 매도하고 두 달 후, 뉴턴은 자신의 판단이 틀렸음을 인정했다. 6월 14일, 그는 자신이 가진 대부분의 돈을 던져 남해회사 주식을 다시 매수했다.

그해 9월, 남해회사의 사기 스캔들이 터지면서 주가가 순식간에 90퍼센트나 폭락했다. 국회의원을 포함한 회사 최고 경영진 다수가 런던탑에 수감되었고 그들의 자산도 몰수되었다. 이 스캔들은 영국 금융 시장에 커다란 충격을 주었고 여러 세대에 걸쳐 후유증을 낳았다.[5] 일부 기록에 따르면 뉴턴은 남해회사가 파산하면서 2만 파운드, 현재 가치로 환산하면 2,000만 달러에 해당하는 손실을 보았다고 한다.[6]

물리학자 뉴턴은 "천체의 움직임은 계산할 수 있지만 인간의 광기는 계산할 수 없다"라는 결론을 내렸다. 이 사건으로 큰 충격을 받은 그는 죽을 때까지 남해회사라는 이름이 언급되는 것조차 못

견뎌 했다고 한다.

이 에피소드는 매우 이성적이고 명석한 사람도 투기 광풍에 빠질 수 있다는 것을 잘 보여준다. 뉴턴은 물리학자이며 천문학자인 동시에 수학자였다. 그는 수학에서는 미적분법을 창시하고, 물리학에서는 뉴턴역학의 체계를 확립한 천재였다. 남해회사의 투기 광풍은 당시에 일어났던 여러 파괴적인 투기 열풍 중에서도 최악이었다. 하지만 그로부터 한 세기 전, 유럽의 다른 지역에서는 튤립 파동이라는 엄청난 거품이 이미 한번 있었다.

튤립 구근 속에서 움튼 경제 거품

역사가들이 역사상 최초의 투기 거품으로 간주하는 17세기 튤립 파동은 네덜란드 시민들이 원예에 관심을 가지면서 시작되었다. 당시 가장 화려하고 인기 있는 꽃은 튤립이었는데 콘스탄티노플에서 가져온 튤립 구근은 북유럽의 추운 겨울을 견뎌낸다는 장점이 있었다.

암스테르담과 여러 지역의 상류층 정원에서 하나둘 튤립이 모습을 드러내기 시작했다. 원예업자들은 화려한 마블 컬러의 꽃을 피우는 교배종 구근을 만들기 시작했다. 상인들은 튤립의 종류에 따라 구근 가격을 매긴 그림책 형태의 카탈로그를 발행했다. 특히 프랑스에서 수요가 증가하면서 가격이 상승했고 1636년 암스테르담에 튤립 거래소가 설립되었다. 이듬해에는 아주 귀한 구근 한 개 가격이 웬만한 집 한 채 값에 달했다. 그때부터 상황이 이상하게 돌아가기 시작했다.

스코틀랜드 저널리스트인 찰스 맥케이(Charles Mackay)는 1841년에 발간된 그의 저서 『대중의 미망과 광기*Extraordinary Popular Delusions and the Madness of Crowds*』[7]에서 당시 일련의 일화를 소개하고 있다. 선장의 책상 위에 놓인 작은 구근을 양파라고 착각해서 먹어버린 한 선원에 대한 이야기인데, 선원은 그 양파가 "당시 가격으로 선원들을 1년 내내 먹여 살릴 수 있는" 희귀한 튤립 구근인 셈퍼 아우구스투스(Semper Augustus)라는 사실을 전혀 알지 못했다고 한다. 부주의했던 그 선원은 징역형을 선고받았다.

끝을 모르고 오르던 튤립 구근 가격은 1637년이 되어서야 더 이상 새로운 구매자를 찾지 못하면서 하락하기 시작했다. 구근 재고를 쌓아 두었던 투기꾼들은 큰 손실을 입었다. 안전한 투자 수단으로 여겨지던 튤립 구근의 가격 붕괴는 네덜란드 국민에게 큰 충격을 주었다.

철도, 광산, 부동산, 맥주, 심지어 19세기 후반 자전거 제조업체에 이르기까지 수 세기 동안 수십 번이나 일었던 투기 거품은 두꺼운 금융 서적의 페이지를 가득 채운다. 그중 가장 심각했던 거품은 수년간 신용(부채)을 근간으로 한 투기 끝에 1929년 가을, 월스트리트가 붕괴되었던 사건이다. 이 사건으로 미국 경제에 대한 신뢰가 무너졌고 그 여파로 수백만 명의 사람이 파산했으며 대공황이 시작되었다. 뉴욕증권거래소에 상장된 기업의 주식은 이후 4년간에 걸쳐 무려 89퍼센트가 하락했다. 대공황 당시의 시장 붕괴는 거의 한 세기가 지난 지금도 전 세계 금융계의 큰 관심 대상이다.

5조 달러가 사라진 침묵의 시간

가장 최근에 일어난 투기 거품은 20세기 말 전 세계를 강타한 닷컴 버블이다. 당시 투자자들은 고객도 없고 제품도 없으며 수익 전망도 불투명한 기술 기업에 투자하기 위해 앞다투어 뛰어들었다. 나도 그 사람들 가운데 하나였다!

20대 초반 나는 아웃도어 잡지사에서 기자로 일했다. 꿈의 직업이었다. 여행을 다니며 아웃도어 장비를 테스트하고, 셰르파 텐징 노르가이(Tensing Norgay)와 함께 에베레스트산을 최초로 정복한 에드먼드 힐러리(Sir Edmund Hillary), 8,000미터가 넘는 14개의 정상을 최초로 등정한 산악인 라인홀트 메스너(Reinhold Messner) 같은 탐험의 거장들을 인터뷰할 기회가 있었기 때문이다.

그런데 당시 아웃도어 세상보다 내 마음을 더 강하게 사로잡은 또 다른 세상이 있었는데 바로 인터넷 기업에 대한 열정이었다. 잡지사 편집장이던 스테판과 나는 인터넷의 힘을 이용해 주류 미디어를 무너뜨리겠다고 공언한 캐나다의 기술 기업이자 신규 상장회사인 넷그래프(Netgraphe)에 투자했다. 몇 달 만에 투자 가치가 두 배, 세 배로 늘어났다. 매일 아침 9시 30분 시장이 열릴 때마다 우리는 주가 상승에 대한 기쁨을 주체하지 못해 사무실에서 "와우!" "믿을 수가 없네!"라며 감탄사를 몇 번씩 주고받았다. 투자한 주식이 매일같이 오르면 기분이 좋아진다. 잠시 머릿속으로 수익을 계산하니 새 자전거를 사거나 6개월분 월세를 내거나 중고차나 새 차도 살 수 있겠다는 생각이 들었다.

당시 34세의 월스트리트 애널리스트였던 헨리 블로젯(Henry Blodget)은 언론 기사에 가장 많이 인용된 인물로 뉴욕의 대형 투자 회사인 메릴린치(Merrill Lynch)에서 근무하고 있었다. 블로젯은 기술 기업의 부상은 이제 막 시작되었으며 꾸준한 이익 증가가 예상되므로 향후 몇 년 동안은 주가가 계속 오를 거라고 분석하면서 유명해졌다. 그가 마냥 긍정적이었던 것만은 아니었다. 블로젯은 이러한 열풍이 비정상적이라는 점을 알고 있었다. 블로젯의 할아버지는 1920년대에 큰 부를 쌓았다가 1929년 대공황으로 모든 재산을 잃은 사람이었다. 이 같은 가족사 배경 때문에 그는 경험 많은 동료들에게 과거 역사가 반복되어 대공황과 같은 폭락이 일어날 수 있을지 물었다. "거의 모두가 이번에는 다를 거라고 말했습니다"라고 몇 년 후 그는 회상했다.[8]

포트폴리오 매니저인 마크-앙드레 투르코(Marc-André Turcot)가 이 시기에 대해 전하는 이야기도 인상적이다. 20대 초반에 그는 대형 금융 기관의 주식 중개 부서 콜센터에서 근무했다. 인터넷 거래가 활성화되기 전이라 주식을 사고팔기 위해서는 고객이 전화로 문의를 해야 했다. 몬트리올 구시가지에 있는 고층 사무실에 앉아서 투르코는 "신규 고객이 너무 많아서 거래를 하려면 한 시간씩 전화를 기다려야 하는 경우도 있었습니다"라고 말했다. "기다리는 사이에 매수하려는 회사의 주식 가치가 오르기도 해서 고객의 불만이 많았습니다. 한번은 전화를 받았는데 고객이 코를 골고 있었어요. 너무 오래 통화를 기다리다 보니 잠이 들었던 것입니다. 깨우려고 하다가 너무 깊이 자고 있어 그냥 전화를 끊을 수밖에 없었습니다." 그의 주요 고객 가운데는 치과 의사도 있었다. "그는 거래를 하고 싶어서 환자 진료를 서두른다라고 말했습니다. 말도 안 되는 소리였지만 주식 시장에서 너무 많은 돈을 벌고 있었기 때문에 직업이 부차적인 일이 된 사람이 많았습니다."

그러나 투기꾼들이 기술 기업 주식에 더 높은 가격을 지불하지 않으면서부터 과열된 시장은 하락하기 시작했다. 매수자가 없어지자 매도자는 가격을 낮출 수밖에 없었고 이는 공황 상태를 촉발했다. 2000년 3월 정점을 찍었던 뉴욕 나스닥(거대 기술 기업 주식을 거래하는 곳) 지수는 2년 후 75퍼센트의 하락을 기록했다. 반려동물 용품을 온라인으로 판매하던 펫츠 닷컴(Pets.com)의 주식 가치는 14달러에서 0.19달러로 떨어졌다. 아마존(Amazon)이라는 신생 인터넷 기업도 2년 만에 기업 가치가 90퍼센트 떨어지고 거래소에서 사라질 뻔했다. 거품이 꺼지면서 거의 5조 달러에 달하는 시장가치가 증발했다. 이는 당시 미국 경제 규모의 3분의 1이 넘는 큰돈이었다.

투르코는 당시 주식 시장의 붕괴를 침묵의 시간으로 기억한다. "고객의 전화가 끊기면서 사무실이 아주 조용해졌습니다. 고객들은 시장이 반등하기만을 기다렸습니다." 그는 아주 친절하고 항상 예의를 지키던 주요 고객을 기억했다. "그분의 투자액은 한때 100만 달러를 넘었습니다. 그분이 몇 달 동안 전화를 하지 않았습니다. 다시 전화가 연결되었을 때 그분의 계좌에는 단지 7만 달러만 남아 있었습니다. 저희는 이런 사연을 수없이 많이 보았습니다. 안타까운 일이었지요."

바로 그때 스테판과 나는 투자 주식을 매각했다. 최고 시점은 아니었지만 바닥도 아니었다. 스테판은 수익금으로 집수리를 했다. 나는 컴퓨터 같은 장비를 사들였다. 기술주 거품에 대한 경험은 주식 시장이 카지노 같다는 인상을 주었다. "내게는 맞지 않아"라고 스스로에게 말했다. 이후 10년 동안 나는 주식에 한 푼도 투자하지 않았다.

투자를 망설이는 일은 아주 값비싼 실수다

젊은 시절에 경험한 주식 시장은 시장에 대한 생각을 평생 지배할 수 있다. 2000년대 초반에 일어난 닷컴 버블 붕괴로 삼촌이 은퇴 자금을 잃는 것을 옆에서 보고 너무 무서워 주식 시장에 '투자'하고 싶지 않을 수도 있다. 아니면 코로나19 팬데믹이 시작될 무렵의 주식 시장 폭락을 기억할 수도 있다. 어떤 날에는 점심시간도 되기 전에 11퍼센트의 손실을 보고 1930년대의 폭락장을 떠올릴 수도 있다.

1968년부터 1985년까지 주식 시장은 대체로 횡보했다. 1990년대에는 줄곧 오르기만 했고 2000년대에는 지속적인 하락을 경험했다. 2010년대에는 로켓처럼 급등했다가 2020년 코로나19 팬데믹으로 인해 일시적으로 급락했다. 그리고 2022년에 다시 하락했다.

이 같은 시장의 변동성 때문에 그 속에 담긴 한 가지 진실을 못 볼 수도 있다. 거품, 하락, 폭락을 거치면서도 주식 시장은 여러 세대에 걸쳐 넉넉한 수익을 제공해 왔다는 사실 말이다. 미국의 30개 우량 기업의 주가를 추종하는 주식 시장의 지수인 다우존스 지수는 20세기를 66으로 시작하여 세기말에는 11,497로 마감했다. 기업의 이익을 바탕으로 통상 1년에 2회 내지 4회 지급되는 배당금까지 재투자했다면 20세기 초에 미국의 대형주 지수에 투자한 1달러는 100년 후 1만 8,500달러 이상의 가치를 보였다.

1달러가 1만 8,500달러로 늘어난 시장에서 어떻게 하면 잘못된 투자를 할 수 있을까? 시장이 만들어 놓은 함정에 빠지는 것이다. 사람들은 아이작 뉴턴이 그랬던 것처럼 '확실하게' 부자로 만들어 줄 특별한 회사를 찾는다. 혹은 폭락이 임박했다는 전문가의 말을 듣고 '폭풍우가 지나가는' 동안에 주식을 매도한다. 폭락을 기다리며 투자를 미루기도 한다. 은행이나 투자 기관의 이익과 당신의 이익이 상충할 수 있다는 사실을 깨닫지 못한 채 투자한다. 사람들을 빈곤하게 만드는 행동이 흥미로운 점은 그 행동이 변하지 않는다는 것이다. 세대는 변하지만 행동은 그대로다.

사실 올바른 투자는 아주 간단하게 할 수 있다. 부모가 갓 태어난 자녀를 대신해서 하루에 1달러씩 미국 주식 시장에 투자한다고 가정해 보자. 그리고 자녀가 20세가 되면 그 계좌를 이어받아 본인이 남은 평생을 매일 1달러씩 투자한다고 하자. 65세가 되어 그동안 미국 주식 시장의 역사적 평균 수익률인 연 11.8퍼센트를 실현한다면 투자한 자산의 가치는 얼마나 될까? 총 480만 달러가 된다.

이제 둘째 자녀의 경우로 아이가 태어난 직후부터 투자하지 않고 20세가 되었을 때부터 매일 1달러씩 투자를 시작했다고 가정해 보자. 그 자녀가 매년 11.8퍼센트라는 동일한 투자 수익률을 기록했다면 65세가 되었을 때 얼마를 가지게 될까? 답은 50만 달러가 조금 넘는다. 두 번째 자녀가 65세에 은퇴할 때까지 480만 달러를 따라잡으려면 20세부터 하루에 9달러 이상을 투자해야 한다.

이것이 바로 단순한 장기 투자의 힘이다. 위의 사례는 사람의 직관과는 달리 일찍 시작하는 것이 엄청난 차이를 만든다는 흥미로운 사실을 보여준다. 투자를 망설이는 일은 아주 값비싼 실수다.

투자의 함정을 피하는 법

대다수의 사람들이 개인 투자자는 이 게임에서 이길 수 없으며 수익률이 보잘것없을 것이라고 폄하한다. "전문가에게 돈을 맡기는 것이 좋습니다. 전문가가 당신 돈을 투자하도록 하세요"라고 말한다.

나는 전문가가 제공하는 서비스를 이용하는 것에 반대하지 않으며 대부분의 경우 이것이 가장 좋은 선택이라고 믿는다. 하지만 당신 스스로 돈을 투자하면 실수로부터 배우고, 더 현명한 행동을 개발하여 전문 투자자보다 변동성이 적으면서 더 높은 수익률을 올릴 수 있다는 것을 내가 증명한다.

설사 다른 사람에게 돈을 맡기더라도 실패할 가능성이 높기 때문에 투자의 함정을 피하는 법을 배우는 것은 필수다. 과도한 수수료를 지불하는 것, 최악의 시기에 전량 매도하는 것, 이 주식에서 저 주식으로 갈아타는 것, 엉뚱한 실수를 저지르는 것, 인내심을 잃는 것과 같은 함정 말이다.

나는 현명한 투자자가 되는 것이야말로 우리를 더 완전한 인간으로 만든다고 말하고 싶다. 즉각적인 대응이 그 어느 때보다 중요시되는 지금, 우리에게 일어나는 일과 그에 대응하는 방식 사이의 간격을 좁히는 일은 우리 시대의 가장 중요한 과제 중 하나다.

시장에는 수없이 많은 함정이 존재한다. 그 함정은 차례로 혹은 동시에 다가온다. 자신을 천재처럼 느끼게도 하고 바보처럼 느끼게도 한다. 시장은 하루는 우리를 괴롭히고, 다음 날은 우리를 기쁘게 하고, 다음 달에는 우리를 겁주는 등의 게임을 즐긴다.

완벽한 투자자는 존재하지 않기 때문에 완벽한 수익률을 성취하는 것이 목표가 아니다. 더 중요한 일은 함정을 피하는 것이다. 투자자가 직면하는 첫 번째 함정인 희귀한 진주의 신화에 대해 알아보자.

제 2 장

희귀한 진주 찾기

실패는 보다 더 현명하게 다시 시작할 수 있는 기회다.

- 헨리 포드(Henry Ford)_미국의 자동차 회사 포드 설립자

거부할 수 없는 펀드 매니저의 유혹

모니쉬 파브라이는 내가 만난 투자자 가운데 가장 평판이 좋은 사람이었다. 1964년 인도 뭄바이의 노동자 거주 지역에서 태어난 그는 전설적인 침착함과 고대 인도 황제를 연상시키는 희끗희끗한 콧수염, 주식 시장에서 보여준 눈부신 성과로 유명해졌다.

어린 시절 그는 부모님이 여러 사업에서 연이어 실패하는 모습을 지켜보았다. "부모님이 모든 것을 잃는 모습을 여러 번 지켜보았는데 여기서 모든 걸 잃는다는 것은 내일 당장 먹을거리를 살 돈이 없고 집세를 낼 돈이 없다는 뜻입니다. 내가 부모님으로부터 배운 가장 큰 교훈은 그 같은 상황에서도 부모님이 동요하는 모습을 본 적

이 없다는 것입니다."⁹

파브라이는 컴퓨터 공학을 공부하기 위해 19세에 미국으로 이민을 떠났다. 1990년대에 컴퓨터 컨설팅 회사를 설립하고 운영하다가 2,000만 달러에 회사를 매각한 후 하버드 비즈니스 스쿨에 입학했다. 지금은 5억 달러가 넘는 고객의 예탁금을 관리하는 자신의 투자 펀드를 운용하고 있다.

몇 년 전, 모니쉬 파브라이는 매년 열리는 경매에서 그가 영웅으로 떠받드는 워런 버핏과의 식사권을 낙찰받아 화제를 모았다. 파브라이와 그의 동료인 가이 스피어(Guy Spier)는 버핏과의 식사 비용으로 65만 달러를 지불했으며 이 돈은 젊은 여성 기업가를 지원하는 자선단체에 기부되었다.

수년 전에 나는 UCLA에서 재무를 전공하는 학생 10여 명과 함께 로스앤젤레스 남쪽 어바인에 있는 파브라이의 사무실에서 오후 시간을 보낸 적이 있다. 파브라이는 인터뷰를 잘 하지 않는 편이었기에 기대가 컸다. 그는 곧바로 우리를 편안하게 해 주었다. 친절하게 웃는 얼굴로 자신의 지식과 지혜를 공유할 수 있어 기쁘다며, 그가 책을 읽고 사색에 잠기는 햇볕이 잘 들고 흠잡을 데 없이 깔끔한 방 등 사무실 곳곳을 안내했다. 복도 모퉁이에 침대가 있는 작은 방으로 통하는 문도 보여주었다. "낮잠을 자는 곳입니다." "저는 거의 매일 오후에 낮잠을 자는데 정신적인 휴식을 취하고 나면 언제나 더 나은 생각을 하게 됩니다." 몇 시간 동안 자신의 경력을 소개하고 질문에 답한 후, 파브라이는 자신이 좋아하는 한국 식당에서 매콤한 바비큐 소고기와 김치를 먹으며 대화를 이어가자며 우리를 초대했다.

56%

56%는 전 세계 주식 시장의 시가 총액에서 미국 주식 시장이 차지하는 비중이다.

파브라이는 어려운 시황에서도 자신이 어떻게 평정심을 유지하는지에 대해 이야기했다. 2008~2009년 최악의 폭락장에서 그가 고객을 위해 운용하던 포트폴리오의 주식 가치가 67퍼센트나 하락했다고 한다. 베어스턴스(Bear Stearns)나 리먼 브라더스(Lehman Brothers)와 같은 대형 투자 은행들도 도미노처럼 쓰러져 나갔다. "몇 년이 지나 제 아내가 2008년 회사에서 투자자들에게 보낸 편지를 우연히 발견했습니다." "아내는 67퍼센트나 하락한 주가를 보고 깜짝 놀랐습니다. 아내는 '우습게도 그해 당신에게서는 어떠한 징후도 느끼지 못했어. 당신이 전혀 달라 보이지 않았어'라고 말했습니다. 시장은 가끔 큰 조정을 겪습니다. 그 시기에 여러분이 할 수 있는 일은 아무것도 없습니다. 공황 상태에 빠져 봐야 무슨 소용이 있겠습니까?"

파브라이는 자신이 워런 버핏처럼 10개 미만의 주식으로 포트폴리오를 구축하여 수년간 주식 시장에서 놀라운 수익을 달성할 수 있었던 방법도 설명했다. 그는 관심이 가는 회사의 재무제표를 분석하며 투자를 결정할 때도 사전에 해당 회사의 간부들과 대화를 하지 않음으로써 그들의 마법에 걸리거나 환심을 사려는 영업 활동의 희생양이 되지 않는다고 했다.

대화를 나누던 중에 파브라이는 최근에 포트폴리오에 추가한 기업에 대해 이야기하면서 흥분했다. 아연 재활용을 전문으로 하는 호스헤드 홀딩스(Horsehead Holdings)의 주식에 수백만 달러를 투자했다고 말했다. 아연은 여러 산업의 공정에 필수적인 소재이며 세계 경제가 확장되면서 수요가 증가하고 있었다. 펜실베이니아주 피츠버그에 본사를 둔 호스헤드 홀딩스는 폭발적인 성장을 앞두고 있다고 했다. "그 회사는 북미에서 유일하게 5억 달러 규모의 최첨단 공장을 새로 짓고 있습니다. 경기 회복의 수혜를 누릴 수 있는 완벽한 조건을 갖춘 셈입니다." 나는 그의 설명에 전율했다. 주장이 너무 명쾌하고 논리적이었기 때문에 어린아이라도 주저 없이 돼지 저금통을 맡길 것 같았다.

'내 투자 자산의 20퍼센트를 이 회사에 투자하면 어떨까?' 그날 밤 집으로 돌아오는 길에 그런 생각이 들었다. '아니면 30퍼센트? 곧 성층권에 진입할 호스헤드라는 로켓에 탑승하려면 서둘러야 해.' 이후에 그날 함께했던 학생들과 연락을 하지 않았기 때문에 누가 그 회사에 투자했는지는 모르겠다. 하지만 나는 투자하지 않았다. 다행스럽게도 후회할 일은 일어나지 않았다. 몇 년 후 호스헤드 홀딩스는 파산을 선언했고 주식은 90퍼센트나 폭락했다.

희귀한 진주의 신화 피해자들

주식 시장에 투자하는 방법을 물어보면 대개 이런 대답을 듣는다. "가장 유망하다고 생각되는 회사를 골라 주식을 산 후에 그 회사가 제2의 애플이나 구글이 되기를 바라는 겁니다!"

나는 이것을 '희귀한 진주의 신화'로 부른다. 이 신화에 따르면 투자자는 수정 구슬을 가지고 있다. 미래를 잘 읽는 기술을 가진 사람은 보석을 찾을 수 있지만 그렇지 않은 사람은 실패하고 그 실패의 무게를 짊어지고 살아야 한다. 당신 주변에도 이 같은 신화의 피해자가 있을지도 모르겠다. 혹시 당신이 그 피해자라면 미안하다.

미래 혁신 기술에 대한 투자를 예로 들어 보자. 향후 몇 년간 주목할 만한 혁신 기술을 선별한 다음, 선견지명을 가진 주주들에게 보상을 할 만한 우량 기업의 주식을 매수한다. 소규모 생명공학 업체, 인공지능 기업, 혹은 전기 자동차의 급속한 성장으로 수요가 증가하고 있는 리튬 배터리를 제조하는 회사를 선택할 수도 있다. 이런 투자 접근법의 문제는 과거에 끔찍한 실패를 한 사례가 있다는 것이다. 미래에 세상을 바꿀 만한 발견이 무엇인지 지금 안다고 해도 그 정보로 부자가 될 가능성은 거의 없다.

역사상 가장 중요한 발명품이라고 할 수 있는 자동차를 예로 들어 보자. 20세기 초, 자동차 제조업체에 투자한 사람들은 아마도 자신이 미래를 예견했다고 생각했을 것이다. 그들의 예측이 맞았다. 오늘날 전 세계에서 14억 대 이상의 자동차가 도로를 달리고 있다. 하지만 자동차 제조업체에 대한 투자는 재무적 관점에서 보면 대체로 실패했다. 20세기에 접어들면서 미국에는 2,900개 이상의 자동차 기업이 등장했지만 지금은 거의 모든 자동차 회사가 사라지거나 경쟁 업체에 합병 또는 부족한 운영 자금 때문에 문을 닫았다. 미국의 자동차 제조업체는 20세기 말까지 단 세 곳만 살아남았고 이 중 GM과 크라이슬러는 2007~2008년 경제 위기 당시 미국 연방 정부의 도움으로 겨우 파산 위기를 벗어났다.

자동차에 이어 등장한 항공 산업 또한 수십 억 명의 사람들이 일하고 여행하는 방식에 혁명을 일으켰다. 하지만 지극히 낮은 수익률과 치열한 경쟁으로 항공 산업에 대한 투자도 원하는 결과를 거의 얻지 못했다.

얼마 전까지만 해도 대마초를 언급하지 않고는 주식 투자 이야기가 불가능했다. 캐나다에서 대마초가 곧 합법화될 예정이었기 때문이다. 대마초를 생산하는 회사의 주식 가치가 급등했다. 그 투자는 장기적으로 성공할 가능성이 거의 없다고 여러 차례 말했지만 대다수 사람들은 나를 머리가 두 개 달린 인간처럼 쳐다보았다. 그들은 부자가 될 수 있는 성공 방식을 찾았다고 확신했다. 누구나 대마초 업계에 투자해서 몇 달 만에 두 배 혹은 세 배로 돈을 불린 이웃이나 사촌을 두고 있었다. 다국적 대마초 회사 틸레이(Tilray)의 주가는 당시 뉴욕의 나스닥 시장에서 148달러 이상으로 거래되었다. 몇 년이 지난 지금 주가는 4달러도 채 되지 않는 수준으로 투자자들의 비난을 피하기 어렵게 되었다.

세상을 바꿀 만한 기업을 골라 미래를 예견하고 투자하는 일은 그리 쉽지 않다. 논리적으로 안정적인 수익을 보장할 것 같은 투자조차도 종종 실망스러운 결과를 보인다. 코로나19 팬데믹으로 전 세계적으로 공포가 확산되면서 모든 사람에게 접종이 가능한 충분한 양의 백신이 개발될 수 있을지는 물론이고 개발 자체가 가능할지 아무도 몰랐다.

선견지명이 있는 투자자가 화이자(Pfizer)와 같은 다국적 제약 회사에서 기록적인 시간 내에 백신을 생산할 것을 예견했다고 가정해 보자. 코로나19 팬데믹 초기에 화이자 주식에 투자한 1만 달러는 1년 후 수백만 명이 이 회사의 백신을 접종받기 위해 줄을 서면서 1만 1,900달러의 가치로 늘어났다.

반면에 팬데믹 기간 중 매장 수백 개를 폐쇄해야 했던 스타벅스 주식을 1만 달러어치 매입했다면 같은 해 연말에는 그 가치가 1만 4,200달러로 증가했다. 화이자에 투자한 것보다 20퍼센트 더 높은 수익률이다. 그래서 투자는 아주 실망스러울 수도 있다.

흥미진진한 주식 투자 이야기라면 나는 작가인 버턴 말킬(Burton Malkiel)의 격언을 항상 염두에 둔다. "숨 가쁘게 다가오는 사람에게는 절대로 물건을 사지 마라."[10] 워런 버핏도 이와 비슷한 말을 했다. "박수갈채를 받는 투자를 조심해라. 대개 위대한 결정은 하품이 날 정도로 재미없다."[11]

버핏은 잡담 중에 언급되는 기업이나 미디어의 관심과 추천을 받지 못하는 대수롭지 않은 기업도 주식 시장에서 극적으로 성장할 수 있다고 말한다. 도미노피자는 2000년대 중반에 뉴욕증권거래소에 상장되었다. 그 후 도미노피자의 주가는 수십 년 동안 최고의 상승률을 기록했다. 상장 직후 도미노피자 주식에 투자한 1만 달러는 15년 후 37만 달러 이상의 가치로 성장했다. 이 정보를 가지고 타임머신으로 도미노피자의 IPO(기업 공개) 당시로 돌아간다고 상상해 보자. "나는 어디에 투자해야 할지 알아." 가족과 친구들에게 이렇게 말할 것이다. "도미노피자 주식을 사야 해!" 아마 비웃음을 살 것이다. 투자자들은 피자 이야기를 듣고 싶어 하지 않는다. 투자자들은 생명공학, 리튬, 대마초 주식을 원한다. 그리고 그에 걸맞은 결과를 얻는다.

투자 전문가들이 말하지 않는 SPIVA 보고서

뉴욕에 본사를 둔 금융 정보 회사인 S&P 글로벌은 20년 이상 매년 두 차례에 걸쳐 많은 사람들이 기다리는 S&P 지수와 펀드의 운용 실적을 비교하는, SPIVA(S&P Indices Versus Active)로 더 잘 알려진 보고서를 발표한다. SPIVA 보고서는 미국 및 전 세계 주식 시장의 종합지수와 액티브 펀드(주가지수 대비 초과 수익률을 얻기 위해 적극적이고 과감하게 종목을 선정하여 운영하는 펀드) 성과를 비교하여 측정한다. 즉, 이 성적표를 통해 어떤 전문 투자자가 누구보다 먼저 귀한 보석을 발견하고 전체 시장보다 높은 수익을 창출하는 포트폴리오를 구축하는지를 확인할 수 있다. 마치 학교에서 여름방학 전날 마지막 수업 시간에 나누어 주는 성적표와 같다.

SPIVA 보고서는 중립적이고 상대 비교를 하기 때문에 흥미롭다. 인터넷에서 쉽게 찾을 수 있지만 대부분의 전문 투자자는 고객에게 그 내용을 언급하지 않는다. 2022년 중반에 나온 SPIVA 보고서에 따르면 지난 1년간 투자 전문가가 운용하는 미국의 대형주 펀드 중 55퍼센트가 S&P 500 지수에 비해 수익률이 낮았고, 지난 3년간을 비교하면 86퍼센트가, 지난 10년간을 비교하면 90퍼센트가 지수 대비 수익률이 낮았다.[12] 중형주 및 소형주 펀드의 결과도 크게 다르지 않았으며 이름에서 알 수 있듯이 성장을 추구해야 하는 성장주 펀드의 경우에는 실적이 더 안 좋았다.

S&P 500 지수 분석

이 책에서는 금융 분야의 전문 용어를 사용하지 않으려고 노력했지만 완전히 피할 수는 없었다. 미국 주식 시장의 성과에 대해 이야기할 때는 가장 권위 있는 지수인 S&P 500 지수의 성과를 언급한다. 이 지수는 뉴욕증권거래소와 나스닥 주식 시장(뉴욕에 위치하며 애플, 구글과 같은 기술 기업이 거래되는 곳)에 상장된 미국의 500대 기업을 대표한다. S&P 500의 수익률은 놀랍다. 폭락, 충격, 조정과 여러 유쾌하지 못한 사건에도 불구하고 이 500개 기업의 주식 가치는 1957년 이후 연평균 약 12%씩 상승했다. 예를 들어 1957년에 S&P 500 지수에 투자한 1,000달러는 현재 약 150만 달러의 가치가 되었다. 그렇다, 150만 달러다!

이 지수에 투자하려면 금융 회사를 거쳐야 한다. 금융 회사는 S&P 500을 구성하는 기업의 주식이 포함된 인덱스 펀드(Index Fund)라는 상품을 제공한다. 지수를 기반으로 하는 상장지수펀드(ETF)도 동일한 종목을 담고 있으며 쉽게 거래할 수 있고 일반적으로 수수료가 아주 낮다.

'대형주 펀드', '중형주 펀드', '소형주 펀드'는 펀드에 편입된 기업의 규모를 나타낸다. 대형주에 편입되는 기업은 시가 총액이 100억 달러 이상, 중형주는 20억~100억 달러, 소형주는 3억~20억 달러 규모다.

SPIVA의 데이터에 따르면 투자 전문가에 의해 관리되는 펀드 중 장기적으로 주가지수보다 빠른 속도로 투자금을 늘릴 수 있는 펀드는 열 곳 중 한 곳도 되지 않는다. 이러한 펀드는 이 분야에서 공부하고 경력을 쌓은 전문가들이 운용하며 이들은 일반인이 이용할 수 없는 인맥과 정보에 접근할 수 있다는 점을 상기하자.

모니쉬 파브라이를 비롯한 일부 펀드 매니저는 수년 동안 성공적으로 시장을 능가하는 성과를 거두었다. 일부는 앞으로도 계속 눈부신 성과를 이어가겠지만 또 다른 일부의 수익률은 하락할 것이다. 그러나 대부분의 펀드 매니저는 여전히 극심한 수익률 부진을 경험할 것이다.

파브라이가 호스헤드 홀딩스의 파산으로 큰 손실을 입었는지는 모르겠지만 아마 그럴 것 같지는 않다. 그는 회사 총자산의 10퍼센트 이상은 투자하지 않았을 것이며 그 전략 때문에 치명적인 손실은 피했을 것이다. 아연 가격의 하락과 공장 건설 과정에 드러난 문제로 주식이 폭락하기 전에 매각했을 수도 있다. 확실한 사실은, 내가 희귀한 진주에 매혹되었다면 오늘 나는 지금보다 더 가난했을 것이라는 점이다.

저축은 하지만 투자는 거의 하지 않는 청년들

캐나다 온타리오 증권 위원회(Ontario Securities Commission)의 연구에 따르면 18세에서 34세 사이의 젊은 성인 5명 중 4명이 저축은 하지만, 2명 중 1명만이 자본 시장에 투자하는 것으로 나타났다.[13] 이 집단

중 68%는 투자보다는 다른 용도에 우선 지출하고, 66%는 저축이 충분하지 않아서, 59%는 투자 지식이 부족해서, 57%는 시장에서 돈을 잃을까 봐 두려워서 투자를 안 한다고 답했다.

연기금과 S&P 500 지수의 수익률 비교

최고 명문 대학 출신의 최우수 졸업생을 채용하고 막강한 연구 및 분석 기법과 경이로운 투자 능력을 갖춘 거대하고 존경받는 회사인 기관 투자자의 수익률은 어떨까?

퀘벡 투자청(CDPQ)을 예로 들어 보자. 몬트리올 시내에 위치한 강철과 유리로 지어진 인상적인 본사 건물에서 850여 명의 직원이 2,850억 달러 이상의 자산을 관리하는 CDPQ는 세계에서 가장 규모가 큰 연기금(연금을 지급하는 원천이 되는 기금) 가운데 하나다. CDPQ 는 인상적인 기록을 보유하고 있다. 1965년부터 2020년까지 설립 이후 55년 동안 연평균 8.5퍼센트의 수익률을 기록했다.[14] 이는 1965년 CDPQ에 투자한 1만 달러가 55년 후에는 88만 달러 이상의 가치가 있다는 것을 의미한다.

시장의 주가지수와 비교하기 전까지는 놀랍고 이례적인 성장으로 보인다. 다만 1965년부터 2020년까지 미국, 유럽 및 신흥 시장의 주식(주가지수)에 60퍼센트, 채권에 40퍼센트를 배정하는 균형 잡힌 포트폴리오를 구성하여 최초에 1만 달러를 투자했다면 지금은 160만 달러의 가치가 될 것이다. 이를 비교하여 설명하는 이유는 투자 방식에 여러 가지 제한이 있는 CDPQ를 비판하려는 의도가 아니다. 그보다는 주식 시장의 지수를 이기기가 매우 어렵다는 점을 보여주기 위해서다. CDPQ는 뛰어난 회사다. 하지만 미국 최고 대학의 기부금을 관리하는 기금도 시장 수익률을 이기기 위해 고군분투하고 있다.

전미대학경영책임자협회(NACUBO)에 따르면 기부금 기금이 10억 달러 이상인 대학은 지난 10년간 연평균 8.9퍼센트의 수익률을 기록했다. 같은 기간 S&P 500 지수는 연평균 13퍼센트의 수익률을 기록했으며 보다 보수적으로 주식 75퍼센트, 채권 25퍼센트의 비율로 포트폴리오를 구성했더라도 연평균 10퍼센트 이상의 수익률을 얻었다.

근년에 가장 우수한 성과를 거둔 기금으로 펀드 관리자가 주식 위주의 공격적인 투자 방식을 취한 프린스턴 대학의 펀드조차 지난 10년간 연평균 10.6퍼센트의 수익률을 보여 S&P 500 지수보다 낮은 수익률을 기록했다. 다시 말해 지난 몇 년 동안 최고의 성과를 거둔 프린스턴 대학의 기금도 1만 달러의 투자금이 10년 후에 2만 2,000달러 미만이 되며 이는 채권을 포함하는 균형 잡힌 투자에 비해 4,000달러 가까이 적다.

명문 대학 기금의 투자 성과가 이렇게 저조한 이유는 무엇일까?

막대한 연봉과 남들이 부러워하는 복지 혜택을 정당화하기 위해 기금 관리팀은 아이디어를 짜내고 연구를 수행하며 궁극적으로는 과감한 투자를 제안해야 한다.

한꺼번에 투자할까, 나누어 매수할까?

상속을 받거나 목돈을 손에 쥐었을 때 한꺼번에 투자하는 것이 좋을지, 시차를 두고 나누어서 투자하는 것이 좋을지 궁금한가?

역사적으로 지난 150년간 북미 주식 시장을 보면 3년 가운데 2년 정도는 상승한 것으로 나타났다. 통계적으로 볼 때 자금이 시장에 머무는 시간이 길어질수록 성장 가능성이 높아진다. 따라서 이 딜레마에 대한 해답은 시장이 언제든 하락할 수 있다는 점을 염두에 두더라도 한 번에 최대한 많은 금액을 투자하는 것이다. 한꺼번에 투자하는 것이 부담스럽다면 간단한 원칙을 정해 4개월 동안 매월 1일에 투자 금액의 25%를 균일하게 투자하는 방법도 있다.

투자 결정은 성공할 수도 있고 실패할 수도 있다. 그리고 어떤 선택은 완전히 재앙이 될 수도 있다. 몇 년 전 하버드 대학에서 기부 기금으로 전 세계에 있는 농지를 매입했다. 이 투자 전략을 심층 분석한 결과 보고서에 따르면 하버드 대학의 농지 투자는 "펀드 매니저와 비즈니스 파트너에게는 횡재를 가져다주었지만 투자 전략으로

는 실패했다"라고 한다.[15] 이 과정에서 대학 펀드는 10억 달러 이상의 손실을 입고 비난을 받았다.

하버드 대학의 펀드 매니저들이 무능했던 것은 아니다. 오히려 그들은 최상의 그룹에 속한다. 하지만 최고 수준의 전문 투자자들조차도 몇 년 이상 연속으로 시장 수익률을 상회하는 경우는 드물다. 2021년 12월 31일을 기준으로 과거 10년간 기관 투자자의 83퍼센트가 수수료를 공제하면 S&P 500 지수의 수익률을 밑돌았다는 S&P 글로벌의 데이터가 이를 뒷받침한다.[16]

월스트리트 제왕들의 진실

대부분의 전문가와 기관 투자자는 장기적으로 시장 수익률을 이길 수 없다. 그렇다면 월스트리트의 제왕들은 어떨까? 부유한 고객을 대상으로 남들이 부러워할 만한 높은 수익률을 제공하는 일을 사명으로 삼고 스스로도 백만장자, 억만장자인 전문 투자자들은 분명 마법의 손길을 가지고 있을 것이다. 그렇지 않다면 누가, 왜 이들에게 투자를 맡기겠는가?

나는 주식뿐만 아니라 모든 종류의 자산에 전략적으로 투자하는 헤지 펀드(소수의 고액 투자자로부터 자금을 모집하여 운영하는 일종의 사모펀드)를 운용하는 사람들을 이야기하는 것이다. 주식, 토지, 비상장 기업, 통화, 금속을 포함하여 투자 대상이 무엇이든 이들의 유일한 목표는 손실을 제한하면서 수익을 극대화하는 것이다.

이데마 인베스트먼트(Idema Investment)의 사장이자 펀드 매니저인 이안 가스콘(Ian Gascon)은 금융과 경영, 공학을 전공한 이후 뉴욕에 있는 여러 전문 투자자들을 직접 만났다. 당시 그는 대형 금융 기관에서 기관 투자자의 자산 관리를 총괄하는 업무를 맡고 있었다. "저는 그들의 전략과 투자 방식을 연구해야 했습니다." 가스콘은 인터뷰에서 이렇게 이야기했다. "자산 관리 측면에서는 지구상에서 가장 영민하며 수십 억 달러는 아니더라도 수백만 달러의 보수를 받는 이 뛰어난 펀드 매니저 대부분이 장기적으로는 가치 창출을 거의 하지 못한다는 사실을 마침내 깨달았습니다. 본질적으로 그들은 거대한 마케팅 기구를 운영하고 있을 뿐이었습니다."

가스콘의 이야기를 들으면 뉴욕의 펀드 매니저인 데이비드 아인혼(David Einhorn)이 떠오른다. 맨손으로 시작한 아인혼은 2000년대 초반에 자신의 회사인 그린라이트 캐피털(Greenlight Capital)을 통해 10년간 연평균 26퍼센트의 수익률을 기록하며 엄청난 성공을 거두었다. 이 같은 성과로 시장의 주목을 끌었고 유명 인사가 되었다. 아인혼은 수려한 외모로 인해 나이에 비해 10년은 더 젊어 보였으며 40대에 이미 억만장자가 되었다. 그는 타임지가 선정한 세계에서 가장 영향력 있는 100인 가운데 한 명이기도 했다.

〈월스트리트 저널〉은 아인혼에게 돈을 맡기는 것을 특권으로 여겼던 고객들이 아인혼의 마뜩지 않은 습관, 즉 냉담한 소통 방식, 주식을 보유한 기업의 CEO와 겪는 갈등, 밤마다 맨해튼에서 즐기는 파티 등을 눈감아 주었다고 보도했다. 그러던 중 예상치 못한 일이 일어났다. 아인혼이 수익을 내지 못하기 시작한 것이다. 2014년 120억 달러에 달했던 그린라이트 캐피털의 보유 자산은 실적 부진과 고객 이탈로 2022년에는 12억 달러로 쪼그라들었다. 과거 그린라이트 캐피털 고객 가운데 한 사람은 〈월스트리트 저널〉과 한 인터뷰에서 "아인혼은 고집쟁이죠"라고 말했다. "그는 자신이 실수했다는 것을 인정하지 않습니다. 미치겠어요."[17]

하지만 2022년 아인혼은 또다시 놀라운 성과(2022년 그린라이트 캐피털은 36.6%의 수익률을 기록하여 18% 하락한 S&P 500 지수의 수익률을 크게 상회했다)를 보였다. 앞으로 그에게 어떤 미래가 펼쳐질지 누가 알겠는가?

작가이자 경제학자인 버턴 말킬은 자신의 저서 『랜덤워크 투자 수업*A Random Walk Down Wall Street*』에서 수십 년 동안 미국에서 최고 수준으로 평가받는 펀드 매니저들이 기록한 성과를 분석했다. 그는 10년 내내 언론의 찬사를 받으며 모든 투자자들이 탐내던 당시의 '제왕'도 이후 수십 년간 대부분 평균 이하의 성과를 냈다고 지적했다. 버턴 말킬은 "평균적인 수익을 내는 펀드 매니저들이 존재하는 한 일부는 더 나은 성과를 낼 것입니다. 그러나 특정 기간 중에 거둔 탁월한 성과가 계속 이어질지는 예측할 수 없습니다."[18]

압도적인 승리로 끝난 워런 버핏의 내기

2000년대 중반, 워런 버핏이 금융 전문가들에게 향후 10년 동안 S&P 500 지수를 능가하는 수익률을 내는 헤지 펀드 다섯 개를 고를 수 있는 사람은 없을 것이라며 내기를 걸었다. 아마도 버핏은 많은 펀드 매니저들이 자신의 탁월함을 입증하고 저명한 억만장자를 공개적으로 저격할 수 있는 기회에 뛰어들 것이라고 생각했을 것이다. 하지만 그가 제안한 내기는 인기가 없었다. 단 한 명의 투자자, 프로테제 파트너스(Protégé Partners)의 테드 세이데스(Ted Seides)만 손을 들었다.

결국 10년이 채 지나지 않아 세이데스가 패배를 인정했다. S&P 500 지수가 연간 7퍼센트 이상 상승한 데 비해 그가 시장을 이기기 위해 신중하게 선정한 펀드들은 연간 2.2퍼센트 상승하는 데 그쳤기 때문이다. 내기에서 이긴 버핏은 수익금을 자선단체에 기부했다.

세이데스가 운이 나빴던 것만은 아니다. 스위스의 국제은행인 크레디트 스위스(Credit Suisse)가 5,000만 달러 이상의 자산을 보유한 9,000개 펀드를 분석하여 계산한 결과, 1994년부터 2021년까지 25년이 넘는 기간 동안 활동한 헤지 펀드 매니저들 가운데 S&P 500 지수를 이긴 사람은 단 한 명도 없었다. 1994년에 이러한 헤지 펀드에 1만 달러를 투자했다면 현재는 5만 9,000달러의 가치가 되지만 S&P 500 지수에 투자했다면 13만 5,000달러가 된다.[19]

헤지 펀드의 수익률이 이처럼 저조한 이유는 무엇일까? 잘 알려지지 않은 헤지 펀드의 비밀은 펀드 대다수가 몇 년 내에 치명적인 손실을 입고 문을 닫는다는 데 있다. 최근 22년 동안 약 6,000개의 헤지 펀드를 분석한 연구자들은 해당 기간 동안 살아남은 헤지 펀드가 1,200개에 불과하다는 사실을 파악했다. 뮤추얼 펀드의 경우도 마찬가지로 보유한 펀드 중 실패한 펀드를 도중에 해지한다. 자세한 내용은 8장에서 다시 설명하겠다.[20]

워런 버핏은 "월스트리트에서 높은 수수료를 받고 수조 달러를 운용하는 펀드의 경우, 일반적으로 막대한 수익을 거두는 것은 고객이 아니라 펀드 매니저입니다"라고 언급한 바 있다.[21]

승자를 예측할 수 있을까?

장기간에 걸쳐 S&P 500 지수를 능가하는 것이 어려운 이유는 탁월한 성과를 내는 종목이 드물기 때문이다. 애리조나 대학 연구진이 1926년부터 2016년까지 뉴욕증권거래소에 상장된 2만 5,000여 개 기업을 대상으로 한 연구에 따르면, 이 기간 동안 시장 수익률 상승을 주도한 기업은 4퍼센트에 불과한 것으로 나타났다. 나머지 주식(전체 기업의 96%)은 동일 기간에 수익률이 0이거나 가격이 올랐어도 가장 안전한 투자로 간주되는 1개월 만기 국채에 비해 더 낮은 수익

률을 기록했다.[22]

"이 부분을 분석하는 데는 시간이 좀 걸립니다"라고 미국의 투자 관리 회사인 닌타이 인베스트먼트(Nintai Investments LLC)의 전무이사 겸 최고 투자 책임자인 토마스 맥퍼슨(Thomas Macpherson)은 겸손하게 말했다. 맥퍼슨은 시장을 이기는 것이 매우 어렵다는 사실은 투자 업계가 지속적으로 주장하는 모든 가설을 뒤엎는 것이라고 지적했다. "여러분이 예상할 수 있듯이 업계 전반에서 이 연구에 높은 관심을 보였습니다. … 장기적인 수익 창출이 가능한 4퍼센트의 주식을 찾아내는 것은 매우 어려운 일입니다."[23]

주식 포트폴리오를 구성하면서 미래 투자 수익에 크게 기여할 몇 개의 기업을 꼽으라고 한다면 어떤 기업을 선택해야 할까? 애플, 구글, 마이크로소프트, 테슬라, 아마존이 그 목록에 올라갈 가능성이 높다. 바로 여기에 문제가 있다. 이러한 대기업은 앞으로도 계속해서 좋은 실적을 거둘 가능성이 높다. 하지만 수백만 명의 투자자가 이들 기업의 향후 실적이 좋을 것으로 기대하기 때문에 주가는 이미 이러한 기대치를 반영하고 있다. 그 결과 이들 기업 주식의 미래 성장성은 지금까지의 상승률에 비하면 미미할 가능성이 있다. 그래서 이 기업들이 향후 수십 년 동안 시장의 상승을 이끌어 갈 상위 4퍼센트에 포함될지는 아무도 모른다.

한 가지 확실한 점은 어떤 대기업이든 오랫동안 정상에 머무르는 경우가 드물다는 것이다. 예를 들어, 2003년과 2023년 미국 주식 시장에서 가장 가치 있는 10대 기업을 비교한 목록을 살펴보자.

S&P 500 지수에 포함된 미국의 10대 기업

2003년	2023년
1. GE(General Electric)	1. 애플
2. 엑손 모빌(ExxonMobil)	2. 마이크로소프트
3. 마이크로소프트	3. 아마존
4. 씨티은행(Citigroup)	4. 알파벳(구글) A 주식
5. 화이자	5. 버크셔 해서웨이 B 주식
6. 존슨앤존슨(Johnson & Johnson)	6. 엔비디아(NVIDIA)
7. IBM	7. 테슬라
8. 프록터앤갬블(Procter & Gamble)	8. 알파벳(구글) C 주식
9. AIG(대형 보험회사)	9. 엑손 모빌
10. 월마트	10. 유나이티드 헬스그룹 (United Health Group)

마이크로소프트와 엑손 모빌을 제외하면 2003년에 반드시 투자해야 할 기업으로 꼽혔던 대다수가 20년이 지난 지금은 더 이상 상위권에 들지 못했는데 투자자에게 20년은 길지 않은 시간이다. 2003년 최대 기업이었던 GE는 파산 위기까지 겪고 현재는 S&P 500 지수에서 85번째에 올라 있다.

이런 까닭에 투자자는 '성공하는' 기업들로 포트폴리오를 구성하는 일에 신중해야 한다. 모든 시대에는 그 시대의 승자가 있다. 성장 기업, 두각을 나타내는 기업, 모두가 거래하고 싶어 하는 기업에만 투자할 수 있다면…. 이것이 다음 장에서 다룰 내용이다.

제 3 장

정당한 몫

이 그림은 자네가 그린 다른 그림과 마찬가지로 형편없네.
자네는 예술가가 아닐세.

- 테르스티흐(H. G. Tersteeg)_네덜란드의 미술품 거래상(빈센트 반 고흐에게 한 말)

투자를 시작하기 전에 반드시 거쳐야 하는 선택

매년 세계 최고의 사이클 경주 선수들 가운데 우승자를 맞히면 돈을 벌 수 있다고 가정해 보자. 게임 규칙에 따르면 두 가지 전략 가운데 하나를 사용할 수 있다.

첫 번째 방법은 해마다 열리는 사이클 경주 가운데 가장 권위 있고 어려운 투르 드 프랑스(Tour de France, 매년 프랑스에서 열리는 장거리 도로 자전거 경주)의 시상대에 오를 3명의 선수를 맞히는 것이다. 전력 분석을 위해 사이클 선수의 나이, 과거 성적, 부상 여부, 산악 코스에서의 성적, 평지에서의 성적 등을 비교할 수 있다. 3명을 모두 맞히면 어마어마한 돈을 벌 수 있다. 선택한 3명 가운데 한 명 이상의 성적이 나쁘거나 도중에 포기하는 경우, 혹은 예상치 못한 무명의 젊은 선수가 승자가 되는 경우에는 당신의 판돈이 줄어든다.

두 번째로 사용할 수 있는 전략은 모든 것을 무시하고 매년 투르드 프랑스에서 펠로톤(peloton)을 선택하는 것이다. 사이클 경주에 익숙하지 않은 사람을 위해 설명하자면 펠로톤은 레이스 과정에서 만들어지는 유망한 선수들의 그룹이다. 이들은 공기역학과 몇 가지 서로 도움이 되는 이유 때문에 그룹을 지어 자전거를 탄다. 펠로톤을 선택한다면 우승자는 맞출 수 없다. 레이스의 승자는 결국 펠로톤에서 성공적으로 이탈하여 앞서는 선수가 될 것이기 때문이다.

하지만 기관차 속도로 레이스를 완주할 가능성이 높은 세계 최고 수준의 선수들은 펠로톤에 들어오지 못하는 대다수의 경쟁자를 제치고 자연스럽게 선두 그룹 안으로 들어온다. 펠로톤은 경주 내내 선두를 달리기 때문에 그룹에 속하는 모든 선수들의 이름을 꼭 알아야 할 필요는 없다. 힘이 부치는 선수는 펠로톤에서 탈락하고 민첩성과 체력, 끈기를 갖춘 미래의 스타는 결국 펠로톤에 합류한다. 아직 태어나지도 않은 수많은 선수도 언젠가는 펠로톤의 일원이 될 것이다. 펠로톤을 선택하면 자금을 불릴 수 있다. 하룻밤 사이에 두 배가 되지는 않지만 시간이 지남에 따라 계속 늘어나고 복리 효과도 누릴 수 있다.

당신은 두 가지 전략 중 어느 쪽을 선택하겠는가? 10년, 20년, 30년 후 어느 쪽이 더 나은 성과를 낼 수 있을까? 이 같은 선택은 모든 투자자가 반드시 고민해야 할 문제다. 투자에 있어 첫 번째 선택은 개별 종목을 고르거나 당신을 대신해 운용할 사람에게 돈을 맡기는 일이다. 다른 회사의 실적을 뛰어넘어 시상대에 오를 만한 기업이나 안정성 혹은 기타 눈에 띄는 특성을 가진 기업을 고르려고 시도하는 것이다. 두 번째 선택은 펠로톤에 베팅하듯 인덱스 펀드에 투자하는 일이다.

투자자를 위해 일하는 인덱스 펀드와 ETF

인덱스 펀드와 상장지수펀드(ETF)는 펀드 내에 수백 개, 때로는 수천 개의 상장 기업 주식을 편입한다. 이 같은 금융 상품에 투자하면 당신은 펀드가 편입한 기업의 공동 소유주가 된다. 다양한 업종(기술, 소매, 은행, 운송 등)의 기업을 포함하기 때문에 자연스럽게 투자를 다각화할 수 있고 실망스러운 실적을 기록하여 장기적으로 가치가 하락하는 기업이나 업종에 모든 구슬을 담는 위험을 줄일 수 있다. 가장 인기 있는 인덱스 펀드는 해당 국가의 주식 시장에서 대형 우량 기업 집단의 평균 주가를 추종하는 펀드다. 미국에서 가장 큰 인덱스 펀드는 월스트리트의 대표 지수인 S&P 500 지수를 추종하는 펀드다.

인덱스 펀드와 ETF는 비슷한 상품이지만 몇 가지 차이점이 있다. 인덱스 펀드는 하루에 한 번 그날의 거래가 끝난 후에 가격이 산정되며 피델리티(Fidelity), 뱅가드(Vanguard)와 같이 펀드를 판매하는 투자 회사를 통해 구매해야 한다. 반면 ETF는 주식처럼 거래된다. 시장이 열리면 초 단위로 가격이 변동되며 증권 계좌를 이용해 쉽고 빠르게 사고팔 수 있다.

인덱스 펀드와 ETF의 장점 중 하나는 그것이 추종하는 지수 내에 포함되는 기업의 리스트가 정기적으로 업데이트된다는 것이다. 예를 들어 문제가 있는 기업은 그 기업의 주식이 하락하면서 S&P 500 지수에 부정적인 영향을 주며 결국은 지수에서 제외될 수 있다. 매출 감소로 큰 타격을 입은 오토바이 제조업체인 할리데이비슨(Harley-Davidson)이 바로 이런 경우다.

반대로 테슬라와 같이 매년 성장을 거듭하는 기업은 시가 총액이 늘어나면서 S&P 500 지수에 진입할 수 있다. 즉, 투르 드 프랑스처럼 S&P 지수 내의 500대 기업 구성은 레이스 상황을 반영하여 변화한다. 특정 기업의 주가가 경이적인 성장을 통해 S&P 500 지수를 능가하는 성과를 낼 수 있을까? 특정 기업을 선별하는 투자 방식으로 지속 가능한 성공을 거두려면 해마다 달라지는, 초과 성과를 낼 기업을 정확하게 선택해야 한다. 당신은 해마다, 수십 년 동안 계속 그렇게 할 수 있을까? 앞에서 살펴본 것처럼 그 시도는 틀릴 위험은 높고 맞을 가능성은 낮기 때문에 거의 모든 투자자가 인덱스 펀드 또는 ETF 수익률을 이기지 못하는 것이다.

뮤추얼 펀드와 ETF

뮤추얼 펀드는 투자자의 돈을 모아 펀드를 만들고, 투자 금액 비율로 펀드 자산의 소유권을 투자자에게 부여한다. 뮤추얼 펀드는 대개 은행이나 기타 금융 기관에 소속된 펀드 매니저가 관리하며, 펀드 매니저는 투자한 자금의 원금 보장 혹은 공격적인 수익 추구와 같은 다양한 목표에 따라 투자 의사 결정을 내린다.

반면 ETF는 특정 주식 시장의 지수 또는 시장 내 업종(소매, 에너지 등)에 속한 모든 주식을 한곳에 모은 펀드다. 펀드 매니저가 의사 결정에 관여하지 않기 때문에 아주 낮은 수수료를 부과한다.

인덱스 펀드와 ETF의 또 다른 장점은 펀드 판매자가 매년 투자자에게 부과하는 비용인 보수율이 일반적으로 매우 낮다는 것이다. 이는 펀드 매니저가 투자 대상 주식을 직접 선별하는 뮤추얼 펀드와 다른 점이다. 뮤추얼 펀드는 통상 투자 금액의 0.5퍼센트에서 최대 2.0퍼센트까지의 연간 수수료를 부과하는 반면 인덱스 펀드와 ETF는 일반적으로 0.2퍼센트 이하, 때로는 0.03퍼센트정도의 낮은 수수료를 부과한다.

언뜻 보면 1퍼센트 내지 2퍼센트의 수수료를 내는 것이 합리적으로 보일 수 있다. 당신이 구매하는 다른 상품에는 이보다 더 높은 판매세(한국의 부가가치세와 비슷한 세금, 캐나다의 판매세는 주별로 5~15%다)를 내고 있지 않은가? 그렇다면 1퍼센트 혹은 2퍼센트에 불과한 수수료에 왜 신경을 써야 할까?

연간 수수료로 지불하는 투자금의 0.03퍼센트와 2퍼센트의 차이는 초기에는 거의 눈에 띄지 않지만 전체 투자 기간을 감안하면 그랜드 캐니언의 협곡만큼이나 거대해진다. 책의 뒷부분에서 살펴보겠지만 이 차이는 수년간의 투자 기간 동안 기대할 수 있는 수익의 50퍼센트 이상이 수수료로 증발하는 것과 같다.

금융업계의 수익 모델은 뮤추얼 펀드와 같은 상품 판매로 고객에게 다양한 수수료를 부과하는 것을 기반으로 한다. 금융계의 관점에서 볼 때 인덱스 펀드나 ETF처럼 경쟁력 있는 투자 상품의 등장은 값비싼 와인 잔에 큰 파리가 빠진 것처럼 바람직하지 않다. 투자 전문가들이 인덱스 펀드를 싫어하는 것은 새로운 일이 아니다. 사실 인덱스 펀드가 상품화되기 이전부터 그랬다.

혁명에 가까운 '미친' 아이디어

누구보다 먼저 인덱스 펀드라는 아이디어를 공개적으로 제기한 사람은 금융계의 웃음거리가 되었다.

미국의 경제학자 버턴 말킬은 1973년 41세의 나이에 『랜덤워크 투자수업』을 출간하면서 고객을 위해 주식 포트폴리오를 구성하고 시장 수익률을 능가하겠다는 전문가들의 무능함을 폭로했는데 이 책에서 그는 매년 투르 드 프랑스 시상대에 오를 3명의 사이클 선수를 선정하려 했던 앞의 사례를 들었다.

말킬은 하버드에서 MBA를 마친 후 프린스턴에서 경제학 박사 학위를 받은 뛰어난 인재다. 그는 자신의 계산을 통해 투자자를 위한 최선의 투자 방식은 인위적인 판단이 들어가지 않은 펀드를 구입하는 것이라고 주장했다. 이러한 펀드는 S&P 500 지수와 같은 주식 시장의 성과를 단순히 복제하는 '패시브' 펀드(투르 드 프랑스에서 펠로톤을 선택한 것처럼)의 형태가 될 것이다. 펀드 운용이 자동화되면 아주 작은 규모의 팀이 펀드를 감독할 수 있으므로 애널리스트와 펀드 매니저로 구성된 팀이 관리하는 뮤추얼 펀드에 비해 연간 수수료가 80~90퍼센트 저렴하다.

책이 출간되자마자 말킬의 제안은 반대에 부딪쳤다. 경제 전문지 〈비즈니스위크〉에 『랜덤워크 투자수업』의 리뷰를 게재한 월스트리트의 전문가는 "이 책은 지금까지 읽은 책 중 가장 말도 안 되는 쓰레기"라고 했다. "이 책은 월스트리트에서 좋은 평가를 받지 못했습니다"라고 말킬은 몇 년 후 팟캐스트 방송인 애니멀 스피릿츠 (Animal Spirits)에 나와 회상했다. "제 아이디어는 '미친 짓'이라고 불렸습니다. 사람들은 누구나 당연히 주식 포트폴리오의 관리를 전문가에게 맡겨야 한다고 생각했지요."[24]

2년 후인 1975년, 대공황으로 부모를 잃고 프린스턴 경제학과를 졸업한 존 보글이 인덱스 펀드의 선구자가 되었다. 보글이 설립한 투자 회사인 뱅가드의 간판 아래 출시된 이 펀드는 S&P 500 지수를 구성하는 500개 회사의 주식으로만 구성되었다. 당시 46세였던 보글은 새로운 펀드를 출시하기 위해 1억 5,000만 달러의 투자금을 모금하기로 목표를 세웠다. 하지만 투자자들의 관심 부족으로 1,100만 달러가 조금 넘는 투자 금액을 모으는 데서 그쳤다. 수년 동안 그의 펀드는 사람들 사이에서 '보글의 어리석음'이라고 조롱당했다. 말킬은 "완전히 실패했습니다"라고 회상한다. "잭은 엄청난 비난을 받았습니다. 펀드가 예상대로 작동했다는 점에서는 성공했지만 마케팅 측면에서는 성공이 아니었습니다. 오랫동안 아주 작은 펀드에 머물렀습니다."[25]

종종 제기되었던 비판 중 하나는 패시브 투자가 "미국적이지 않다"라는 것이었는데 이는 투자자가 주식 시장에서 스릴 넘치는 성과를 내기 위해 위험을 감수하지 않고 게임을 시작하기도 전에 시장을 이기는 것을 포기한다면 미국식 투자 방식이 아니라는 의미다. 미국의 거대 자산 운용사인 피델리티의 회장은 대부분의 투자자가 '평균' 수익률에 만족할 것이라는 주장은 "믿을 수 없다"고 말했다. 하지만 장기간에 걸쳐 평균 수익률을 달성하게 되면 결국 믿기 어려운 수익을 성취하며 이를 뛰어넘는 것이 사실상 불가능하다는 점에서 그의 주장은 불신의 화살을 받아야 했다.

보글은 자신의 소중한 아이디어에 대한 이와 같은 냉담한 반응에 전혀 영향을 받지 않았다고 말한다. "반대 의견이 많을수록 제 생각이 옳다는 확신이 더 커졌습니다"라고 몇 년 후 회고했다. "저는 고정관념에 휘둘리지 않는 사람입니다."[26]

투자자들이 인덱스 펀드에 관심을 갖기까지는 그로부터 몇 년이 더 걸렸다. 하지만 한번 관심을 보인 투자자들은 다시는 돌아서지 않았다. 뱅가드는 이제 세계 최대 규모의 투자 관리 회사 중 하나가 되었다. 존 보글이 설립한 이 회사는 170개국에서 3,000만 명의 투자자를 대신해 7조 달러 이상의 자산을 관리하고 있다. 연간 매출은 70억 달러에 육박하는 수준이며 이는 회사가 운용하는 투자 자산 1,000달러당 1달러의 규모다. 회사의 수익 구조는 초과 수익이 발생하면 수수료를 낮춰 투자자의 주머니로 돌려주도록 설계되어 있다.

"우리의 과제는 앞으로도 우리 회사가 고객에게 제공하는 수익에서 우리의 몫을 공정하게 가져오는 것입니다"라고 보글은 그의 책 『모든 주식을 소유하라 *The Little Book of Common Sense Investing*』에 썼다. 이어서 "인덱스 펀드는 이러한 목표 달성을 보장할 수 있는 유일한 투자 방식"이라고 말했다.[27] 2019년 89세의 나이로 타계한 존 보글은 생전에 포트폴리오를 변경하여 더 나은 성과를 내고 돈을 더 빨리 불리고 싶은 유혹을 받는 투자자들에게 종종 다음과 같이 경고했다. "자신이 시장보다 더 많이 안다고 생각하지 마세요. 그건 진실이 아닙니다"라고 말이다. 또 이런 일갈을 남기기도 했다. "자신만의 직관이라고 착각하지만 실제로는 수백만 명이 공유하는 대중적 직관에 따라 행동하지 마세요."

워런 버핏은 보글이 자신이 가장 존경하는 사람들 가운데 한 명이며 그가 금융 산업에 혁명을 일으켰다는 점을 기회가 있을 때마다 언급했다. 버핏은 "미국 투자자들을 위해 가장 일을 많이 한 사람을 기리기 위해 동상을 세운다면 잭 보글을 최우선으로 선정해야 한다"라고 말하기도 했다.[28]

버턴 말킬의 『랜덤워크 투자수업』은 현재 13쇄를 출간했다. 1973년 출간된 이래 S&P 500 지수는 배당금을 포함해 12,000퍼센트 이상 상승했다. 책이 출간되던 날 S&P 500 지수를 추종하는 가상 펀드에 1만 달러를 투자한 투자자는(당시에는 그런 펀드가 존재하지 않았지만) 현재 120만 달러의 주식 자산을 보유하고 있을 것이다. 이 같은 성과는 투자자들이 시장에 맡기고 아무것도 하지 않은 채 가만히 앉아서 기다린 결과다.

반세기 동안 패시브 투자의 대중화에 기여한 버턴 말킬은 자기 주도적이고 전문적인 투자자는 반드시 이러한 금융 상품에 투자해야 한다고 그 어느 때보다 확신한다. 말킬은 "투자자가 지불하는 수수료가 낮을수록 더 많은 돈을 계좌에 남길 수 있습니다"라고 말했다. "저는 확신합니다. 존 보글은 '투자 세계에서는 지불하지 않은 만큼만 얻을 수 있다'라고 말하고는 했는데, 저는 그 어느 때보다 그 말에 동의합니다."[29]

대중을 위하지만 대중적이지 못한 패시브 투자 방식

패시브 투자를 최초로 시도한 투자자는 리처드 모린(Richard Morin)이라는 캐나다의 펀드 매니저다. 1991년 리처드 모린은 세계 최초로 성공한 ETF인 토론토 35 지수 펀드(TIPs, Toronto 35 Index Participation Fund)에 투자했다. 30년이 지난 지금까지도 그는 이 투자 자산을 매각하지 않고 보유하고 있다. "아무것도 팔지 않을 생각입니다"라고 그는 웃으며 말한다.

키가 크고 마른, 배우 로버트 레드포드를 연상시키는 각진 얼굴의 리처드 모린은 몬트리올 교외에서 자랐다. 그의 부모는 다섯 자녀를 키우면서 중산층에서 추락하지 않으려고 고군분투했다. 그의 부친은 서브프라임 대출 회사(신용이 낮은 고객에게 주택 등을 담보로 하고 높은 이자를 붙여 대출하는 회사)로 나중에 HSBC에 인수된 하우스홀드 파이낸스(Household Finance)에서 매니저로 일했는데 이 회사는 은행에서 대출을 거절당한 고객에게 돈을 빌려주었다. "아버지의 전형적인 고객은 200달러를 빌려 TV를 사려는 사람들이었습니다." "채무자가 돈을 갚지 못하면 회사에서 TV를 압류해야 했습니다. 아버지는 자신의 직업을 싫어하셨지만 그 덕분에 생활비를 벌었고 은퇴 후에도 인생을 즐길 수 있었습니다."

모린은 맥길 대학(McGill University)에서 MBA를 마칠 때 즈음 학교 게시판에서 몬트리올 증권거래소의 인턴십 구인 광고를 보았다.

그는 지원했고 채용되었다. "금융에 대해 아무것도 몰랐습니다. 하지만 그 광고가 내 인생을 바꾸었습니다." 모린은 몬트리올 증권거래소에서 11년을 근무했다. 이후 모리셔스(Mauritius) 증권거래소를 이끌어 달라는 제안을 수락했고 서아프리카 코트디부아르의 경제수도인 아비장에 증권거래소를 설립한 후 파키스탄 증권거래소의 CEO를 수락하기 전까지 약 2년간 근무했다.

모린은 파키스탄의 2억 1,000만 명의 인구 가운데 주식 투자자는 25만 명에 불과하다는 사실을 파악했다. 파키스탄의 엘리트들이 대대로 모든 부를 독식했다. "파키스탄 증권거래소의 책임자로서 투자자 보호는 큰 도전이었습니다. 소수의 증권사가 시장을 지배하고 있었습니다. 우리 임무는 주식 투자를 민주적으로 바꾸는 일이었습니다. 이를 위한 방법 중 하나는 파키스탄 역사상 최초로 ETF를 출시하고 투자자 보호 기금을 강화하는 것이었습니다."

1990년대 스위스 알프스에서 하이킹을 하던 중 모린은 인덱스 ETF에만 투자하는 자산 관리 회사를 만들겠다는 아이디어를 떠올렸다. 당시에는 ETF에 대해 아는 사람이 거의 없었기 때문에 꿈을 실현하기까지 몇 년이 걸렸다. 모린은 현재 인덱스 펀드와 인덱스 ETF만을 이용하여 세금을 줄이고 다양한 포트폴리오를 구축하는 아처 포트폴리오 매니지먼트(Archer Portfolio Management)의 대표로 있다. 이 회사에는 8명의 투자 자문이 700여 개의 가문을 위해 3억 달러의 자산을 관리하고 있다. "고객의 평균 투자금은 40만 달러 정도이며 투자금의 100퍼센트를 회사 내부에서 함께 결정한 비중으로 주식 및 채권 ETF에 투자합니다." "고객과 호흡이 잘 맞아야 합니다. 우리와 생각이 다른 고객은 만족하지 않을 수도 있기 때문에 때로는 정중하게 돌려보내기도 합니다."

모린은 아처와 같은 소규모 투자 자문사가 직면한 과제는 자신을 알리는 일이라고 말한다. 규모가 중요한 이 업계에서는 대형 금융기관이 대대적인 광고를 통해 시장의 대부분을 점유하고 있다. "일반 투자자들은 우리와 같은 회사가 존재한다는 사실을 전혀 모릅니다"라고 모린은 말한다.

능동적 자산 관리와 수동적 자산 관리

능동적 자산 관리에는 사람의 개입이 필요하다. 투자자(또는 투자자를 대신하는 사람)는 더 높은 수익률 혹은 요동치는 시장에서 안정적인 수익 추구 등 주어진 목표를 달성하기 위해 주식을 사고팔 수 있다.

수동적 자산 관리에서는 시장이 주도권을 쥐고 있으므로 포트폴리오(편입하는 지수의 구성)가 선택되면 투자자(또는 투자를 대행하는 사람)는 완전히 손을 뗄 수 있다. 지수 ETF를 보유한다고 해서 모두가 패시브 운용을 하는 것은 아니다. 상당히 많은 투자자가 시장의 추이를 판단하고 그 믿음에 근거하여 ETF를 매매하는데 이는 장기 수익률의 저하를 가져올 수 있다.

돌파구는 어디에 있는가?

인덱스 펀드나 인덱스 ETF를 활용한 패시브 투자는 그 어느 때보다 인기가 높고 빠르게 성장하고 있다. 수십 년 전에는 볼 수 없었던 이러한 금융 상품이 미국에서는 이제 총운용 자산의 약 50퍼센트, 영국에서는 31퍼센트, 캐나다에서는 13퍼센트를 차지한다.

미국이 전 세계 대부분의 시장보다 먼저 전환점을 맞이한 이유는 무엇일까? 고객을 위해 저비용 상장지수펀드를 관리하는 이데마 인베스트먼트의 사장 이안 가스콘은 세계 곳곳에서 패시브 투자를 가로막는 가장 큰 장벽은 시장 구조라고 말한다. "대부분의 나라에서 투자 업계는 모든 자산을 상대적으로 저렴한 투자상품으로 이전하는 데 관심이 없는 대형 금융 기관이 지배하고 있습니다"라고 설명한다. "회사 입장에서는 연간 수수료가 2.5퍼센트인 뮤추얼 펀드가 0.2퍼센트인 ETF보다 훨씬 더 수익성이 높기 때문에 고객에게 ETF를 소개하지 않는 경향이 있습니다."

이 같은 구조가 지속되는 이유는 무엇일까? 내 생각에는 대부분의 사람들이 재정 자문이나 펀드 매니저에게 지불하는 수수료가 얼마인지, 또 어떻게 산정되는지 모르기 때문이다. 대부분은 신경쓰지 않는다. 설사 보통의 투자자가 이 사실을 안다고 해도 무엇을 할 수 있을까? 자문 기관을 바꾼다고 해도 비슷한 상황에 처하게 되지 않을까?

상황이 개선되지 않는 또 다른 이유는 투자자들에게 매우 재능이 뛰어난 전문 펀드 매니저를 찾고자 하는 열망이 있기 때문이다. 납을 금으로 바꾸고 수십 년 동안 시장의 주요 지수를 능가하거나 시장 침체기에 포트폴리오를 보호할 수 있는 사람 말이다. 투자자 입장에서 이 같은 희망을 갖는 일은 비합리적인 목표가 아니다. 더구나 당신이 거래하는 금융 전문가가 시장에 폭풍이 몰아치는 동안 주식을 팔지 않도록 설득하거나 저축과 투자를 더 많이 하도록 권유한다면 큰 도움이 될 수도 있다.

하지만 자산 운용 업계는 자신들이 가지고 있지 않은 능력을 가지고 있다고 믿게 만들고 실제보다 더 높은 수익률을 제공한다고 설득하는 데 능숙하다. 종종 수십 년에 걸쳐 투자 관리자들이 수수료를 명목으로 투자금에서 공제하는 금액은 점점 더 많은 비난을 받고 있다. 이 같은 관행은 고객이 금융 지식이 부족하고 선택권도 없던 구시대의 유산이다.

억만장자이면서 투자자인 스티븐 제리슬로스키(Stephen Jarislowsky)는 『투자의 정글In the Investment Jungle』에서 "우리 업계에서 고객은 투자 자문사를 포함해 여러 곳에서 착취당하고 있다"라고 한탄한다. "고객을 희생해서라도 모두가 최대한 많은 돈을 벌려고 하고, 가능한 한 높은 수수료를 부과하려고 합니다. 업계의 탐욕이 줄어들고 전문성이 높아진다면 모두에게 이익이 될 것입니다."[30]

인덱스 펀드는 정말 위험할까?

개를 죽이는 가장 좋은 방법은 광견병에 걸렸다고 말하는 것이라는 속담이 있듯이 일부 금융 전문가들은 고객에게 인덱스 펀드와 ETF를 멀리하라고 경고한다. "너무 인기가 많아 아주 위험합니다! 그러한 것이 시장을 왜곡합니다! 투기 수단입니다!" 예를 들어 그들은 인덱스 펀드와 ETF의 종류가 너무 많아 초보자가 고르기 어렵다고 지적하는데, 9장에서 설명하겠지만 펀드의 선택 과정은 사실 아주 간단하다. 또한 일부 ETF는 '레버리지' 거래(신용 거래, 금융 기관에서 자금을 빌려 ETF를 사거나 파는 행위)를 기반으로 만들어졌기 때문에 시장의 변동 폭이 커서 '위험하다'고 주장한다. 그 같은 소규모 전문 ETF는 극소수의 투자자들만 거래에 참여한다는 사실은 언급하지 않은 채 말이다.

업계 비평가들은 인덱스 펀드나 ETF에 투자하면 시세가 급변하기 때문에 위험하다고 말한다. S&P 500 지수를 추종하는 펀드의 가치는 한 해 동안 20퍼센트 내지 30퍼센트 이상 상승하거나 하락할 수 있다. 비평가들이 언급하지 않는 또 다른 점은 그들이 말하는 펀드는 100퍼센트 주식으로만 구성되어 있기 때문에 당연히 펀드 가치의 변동 폭이 클 수밖에 없다는 점이다! 주식 시장의 폭락을 두려워하는 보수적인 투자자에게 주식으로만 구성된 포트폴리오에 투자하라고 권할 사람은 아무도 없다. 다음 장에서 설명하겠지만 보수적인 투자자는 자산의 상당 부분을 채권에 투자해야 한다.

펀드 매니저와 투자 자문사가 안절부절못하는 모습이 눈에 선하다. "물론입니다! 우리의 뮤추얼 펀드에 편입된 주식 포트폴리오가 지수를 상회하는 경우는 거의 없습니다." "하지만 고객들이 원하는 것은 그런 것이 아닙니다! 고객들은 밤에 편안히 잠들고 시장이 하락할 때 큰 손실을 피하기를 원합니다. 이것이 바로 우리가 잘하는 일입니다."

뉴욕에 본사를 둔 금융 정보 회사인 S&P 글로벌(S&P Global)이 몇 년 전 처음 분석한 내용이다. 최근 14년 동안 1,000개 이상의 액티브 뮤추얼 펀드를 조사한 결과, 미국 뮤추얼 펀드의 80퍼센트와 유럽 뮤추얼 펀드의 65퍼센트가 그들이 투자하는 시장에서 업종 평균 지수보다 더 큰 변동성을 경험했다는 결론이다.[31] 즉, 전문 투자 관리 회사가 위에서 말한 약속을 지키지 못했다!

패시브 투자가 그렇게 위험하다면 이 정보가 워런 버핏의 귀에 들어가지 않았다는 이야기다. 오마하의 이 억만장자는 유언장에서 아내에게 남길 유산의 대부분을 S&P 500 지수를 추종하는 뱅가드 인덱스 펀드에 투자하도록 유언 집행인에게 지시한 것으로 알려져 있다.[32]

뮤추얼 펀드, 인덱스 펀드, ETF 등 어떠한 형태로 투자하든 대부분의 포트폴리오는 주식과 채권이라는 두 가지 주요 자산군으로 구성된다. 투자 포트폴리오의 음과 양의 역할을 하는 이 같은 자산 배분은 당신을 더 부유하게 만들고 시장에 폭풍이 휘몰아칠 때도 나아갈 방향을 잃지 않게 하는 보완적인 역할을 한다. 그렇다면 주식과 채권은 어떤 비율로 보유해야 할까? 다음 장에서 자세하게 이야기하겠다.

제 4 장

주식과 채권

아름다움도 두려움도 있는 그대로 모두 품어라.
계속 나아가라. 어떠한 감정도 끝은 없다.

- 라이너 마리아 릴케(Rainer Maria Rilke)_오스트리아의 시인이며 소설가

모험 없이는 소득도 없다

수년 동안 연락이 끊겼던 어릴 적 친구에게서 전화가 왔다. 시내에 있는 황금빛 고층 빌딩에서 만나자고 계속 이야기한다. 친구는 나의 재산 증식 문제에 대해 대화를 좀 나누자고 했다. 재정적인 여유가 전혀 없었던 나는 그 제안에 헛웃음만 지었다. 당시 나는 스무 살이었고 대학에 다니며 집세를 내기 위해 아웃도어 매장에서 아르바이트를 하고 있었다. 유일한 사치는 맥주뿐이었다.

보험 및 투자 회사에 갓 입사한 친구는 고객 기반을 넓히려 애쓰고 있었다. 친구의 부탁을 거절하기가 불편했던 나는 그의 제안을 받아들였다. 며칠 후 석양빛이 가득 찬 넓고 한적한 회의실에서 정장과 넥타이 차림으로 친구가 나를 맞이했다. '이건 좀 아닌 것 같은 데…' 나는 속으로 생각했다. '내가 저 친구의 재산 증식 계획을 돕게 되는 거 아닌가?' 한 시간 동안 이야기를 나눈 후 친구가 말했다. "니콜라, 은퇴 연금 계좌를 개설하는 것이 가장 좋은 방법인 것 같아. 한 달에 25달러씩 불입하면 될 거야." 마침내 회의가 끝났다는 생각에 나는 기쁜 마음으로 좋다고 대답했다. 그가 상품 소개 자료를 내밀었다. "어떤 펀드에 가입하고 싶니? 주식 펀드가 있는데…."

나는 냉정하게 친구의 말을 끊고 말했다. "한 푼도 손해 보고 싶지 않아." "단 한 푼도!" 친구는 매달 내 돈 25달러를 아주 안전한 펀드인 머니 마켓 펀드(MMF, Money Market Fund)에 투자했지만 수익률은 인플레이션에도 미치지 못할 정도로 낮았다. 투자 회사에서 투자 금액의 2퍼센트 정도를 연간 운용 수수료로 공제하고 나니 나는 부자가 되기는커녕 점점 더 가난해지고 있었다.

지금은 내가 직접 관리하는 계좌를 개설하기를 잘했다는 생각이 든다. 당시 스무 살의 내 친구가 내게 조언을 할 만한 지식은 없었을 것이다. 만약 그랬다면 그의 조언은 다음과 같지 않았을까?

"니콜라, 너는 아직 젊어. 앞으로 70년은 더 살 거야. 아직 시간이 많이 남았기 때문에 주식 시장의 변동성을 감당할 수 있어. 주식 펀드에 대부분을 투자하되 시장 상황에 신경 쓰지 말고 매달 돈을 불입하면 돼."

내 나이에는
얼마를 저축해야 할까?

이것은 논란의 여지가 있는 주제이며 많은 변수가 있다. 퇴직 연금에 불입하는 교사는 자영업자의 상황과 상당히 다르다. 자산 운용사인 피델리티는 은퇴 후의 적정 소득(퇴직 전 소득의 약 45%)을 확보하기 위한 지침으로 아래와 같은 표를 소개했다. 피델리티는 은퇴 후 목표 소득을 확보하려면 25세부터 연간 세전 소득의 15%를 저축하고 투자해야 한다고 가정한다. 은퇴에 필요한 자산을 계산할 때는 은퇴 후 자산의 현재 가치도 고려해야 한다.

나이	필요 저축 금액(연봉의 배수)
30	1X
35	2X
40	3X
45	4X
50	6X
55	7X
60	8X

출처 : 피델리티

순자산은
어떻게 계산하나?

개인 또는 가구의 순자산은 보유한 모든 자산의 가치에서 모든 부채의 가치를 뺀 값이다. 예를 들어 45만 달러의 주택과 5만 달러의 퇴직 연금을 가지고 있으면 총자산은 50만 달러이고 그 사람이 가진 부채가 27만 5,000달러의 주택 융자와 2만 5,000달러의 카드 빚(총부채 30만 달러)이라면 이 사람의 순자산은 20만 달러(50만 달러-30만 달러)가 된다.

미국의 가구당 순자산의 중간값과 평균값

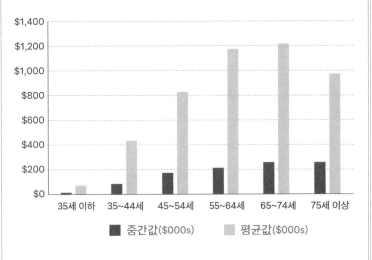

주식

내 친구는 균형 잡힌 포트폴리오를 만들려면 적어도 두 가지, 주식과 채권은 포함해야 한다고 조언했어야 했다. 주식은 기업에 대한 소유권이다. 주식을 매수하는 투자자는 해당 기업의 일부를 소유하게 된다. 실제로 회사의 수익 일부가 주주에게 귀속된다. 주식의 가치는 기업의 재무 상태를 반영하며 투자자는 미래에 관심 있기 때문에 주가는 그 기업이 미래에 실현할 수익 잠재력을 고려한다.

1602년에 시작된 주식 시장

주식 시장 하면 흔히 현대 경제를 떠올리지만 플라스틱, 트랜지스터, 전기가 발명되기 수 세기 전부터 존재했다. 사람들이 주식을 사고팔았던 세계 최초의 증권거래소는 17세기 초 암스테르담에 설립되었다. 주식 시장이 정한 기준에 따라 상장된 최초의 회사는 네덜란드의 동인도 회사(the Dutch East India Company)였는데 이 회사는 거의 200년에 걸쳐 세계에서 가장 강력한 무역 회사로 성장했다.

당시 아시아와 유럽을 오가는 항해는 수익성이 높았지만 위험도 컸다. 귀환한 배는 수익을 창출했지만 폭풍, 질병, 해적의 공격으로 돌아오지 못하는 경우가 많았기 때문이다. 이 같은 항해의 위험과 수익을 여러 주주에게 분산시키자는 취지에서 주식회사를 설립하게 되었다. 암스테르담에서 최고로 부유한 상인이었던 더크 반 오스(Dirck van Os)

가 1602년 8월에 동인도 주식회사를 공동으로 설립했다. 설립 첫 달에 1,143명이 주주가 되었다. 당시 투자자들은 현재 암스테르담 홍등가의 좁은 거리에 위치한 반 오스의 집을 직접 방문하여 회사의 주식을 사고팔았다. 이후에는 신축 건물에 세워진 암스테르담 증권거래소에서 주식 거래가 이루어졌다. 1611년에 문을 연 이 증권거래소는 충분한 거래량을 확보했고 투기를 허용하는 등 오늘날 사람들이 알고 있는 주식 시장의 요소를 최초로 도입한 현대식 증권거래소였다.

주식은 매수한 당일에도 매도할 수 있다. 이 같은 거래를 데이 트레이딩(day trading)이라고 한다. 데이 트레이딩에 관해서는 책은 물론 강좌와 세미나도 있다. 데이 트레이딩으로 돈을 버는 방법을 가르치는 거대한 온라인 생태계가 존재한다. 그리고 이런 식으로 돈을 벌수 있다고 큰소리치는 이웃이나 조카도 있을 것이다. 안타깝게도 관련 연구에 따르면 데이 트레이딩은 카지노에서 룰렛을 하는 것보다 더 위험하다고 한다.[33] 나는 무슨 일이 있더라도 데이 트레이딩은 피해야 한다고 생각한다.

데이 트레이딩 외에도 수많은 사람들이 매수한 주식을 몇 달 안에 매도한다. 거래 빈도가 잦으면 수익률이 높아질까? 오히려 낮아진다. 여러 연구에 따르면 거래 빈도는 수익률과 반비례하는 것으로 나타났다. 6만 5,000명 이상의 미국 내 투자자를 분석한 결과, 시장에서 아주 적극적으로 거래한 투자자는 그렇지 않은 투자자에 비해 절반 수준의 수익률을 기록했다.[34] 요컨대 투자 포트폴리오는 비누와 같아서 많이 만질수록 작아진다는 격언이 있다.

주식 시장에서 수익을 극대화하는 가장 좋은 방법은 투자한 주식이 수년간, 이상적으로는 수십 년간, 당신을 위해 일하도록 두는 것이다. 역사적으로 북미와 유럽의 주식 시장은 10년 가운데 거의 7년 동안 상승했다. 물론 10년 가운데 3년은 수익률이 하락한다. 하지만 장기적으로 보면 장기 투자가 크게 유리하다. 매주, 매월, 심지어 일 년 단위를 보더라도 시장의 방향을 예측하는 것은 불가능하다. 뉴욕 증시를 보면 한 해에 22퍼센트 상승했다가 다음 해에는 9퍼센트 하락하고, 그다음 해에는 14퍼센트 상승하는 식이다.

주식 시장은 항상 상승할까?

반드시 그렇지는 않다. 하지만 시장이 영구적인 붕괴 상태에 빠질 것이라고 예측하는 것은 스타벅스가 커피를 팔아 더 이상 수익을 내지 못하고, 애플이 더 이상 아이폰을 팔지 못하거나, 아무도 마이크로소프트 제품을 사용하지 않고, 구글에 인터넷 광고를 하지 않거나 아무도 도요타를 운전하지 않는 등의 상황을 예상하는 것이다. 이러한 일이 발생한다면 우리는 아마도 세상의 종말을 맞이한 것이다.

실제 그런 상황이 발생한다면 투자 포트폴리오에 대한 걱정보다는 따뜻한 온기를 위해 장작을 모으는 등 생존에 집중하는 것이 우선이다.

전문 투자자 랄프 웬저(Ralph Wanger)는 경제와 주식 시장의 관계를 목줄에 묶인 개와 개의 주인으로 비유했다. 주식 시장이라는 흥분한 개가 주인이 이끄는 긴 목줄 끝에 묶인 채 사방으로 킁킁대며 냄새를 맡는 광경을 떠올려 보자. 여기서 경제를 대표하는 개 주인이 뉴욕시의 콜럼버스 서클(Columbus Circle)에서 센트럴 파크를 거쳐 메트로폴리탄 박물관까지 걷고 있다고 상상해 보자. 개는 순간순간 우측으로 돌거나 좌측으로 돌 수 있으며 그 움직임을 정확하게 예측하는 것은 불가능하다. 그러나 좀 더 길게 보면 개는 주인과 마찬가지로 시속 5킬로미터 정도의 속도로 북동쪽으로 나아가고 있기 때문에 목적지를 향한 방향에는 큰 착오가 없다. 웬저는 이렇게 결론을 내린다. "놀라운 점은 시장을 따라다니는 거의 모든 사람이 주인이 아니라 개를 주시하고 있다는 것입니다."**35**

단기 자금으로 투자해도 될까?

주택 계약금으로 준비한 자금을 주식 시장에 투자하는 것은 좋은 생각일까? 5년 내에 자금을 인출해야 한다면 투자하지 않는 것이 좋다. 그렇게 하면 시장이 공포에 빠져 투자 가치가 크게 하락하는 시기 혹은 그러한 시기 직후에 인출해야 할 위험이 있다. 5년 이내의 짧은 기간이라면 고금리 예금과 같은 안전한 수단에 현금을 예치하는 것이 가장 좋다.

채권

주식 시장의 변동성을 감내하는 데는 한계가 있다. 균형이 잡힌 포트폴리오라면 적어도 다른 형태의 투자 자산인 채권을 포함해야 한다. 채권을 매수하면 미래에 원금과 이자를 갚겠다고 약속하는 정부나 기업과 같은 차입자에게 돈을 빌려주는 것이다.

채권 시장에서는 차입자의 신용이 중요하다. 가장 안전한 채권은 미국 정부 또는 선진국 정부가 발행하는 채권이다. 기업과는 달리 정부는 과세 권한을 가지고 채권 상환에 필요한 자금을 징수할 수 있기 때문에 안전하다고 여긴다. 채권은 채권 보유자에게 현금으로 이자를 지급하므로 고정 수입을 창출한다. 채권 가격은 이자율 변동에 영향을 받기 때문에 가장 안정적인 채권은 만기가 1~5년 정도로 짧은 채권이다.

국채는 정부가 보증하기 때문에 위험이 적지만 일반적으로 주식보다 수익률이 낮다. 그래서 대개의 투자자가 채권 투자는 재미없고 부자가 될 수 없다고 생각한다. 하지만 채권을 보유하면 안심하고 주식에 투자할 수 있다는 것이 채권의 가장 큰 장점이다. 주식 시장이 급락하는 동안에도 '지루한' 채권은 주식 대비 변동성이 적어 배를 안정시키는 닻의 역할을 하며 투자자가 침착함을 유지하도록 도움을 준다. 더욱이 지난 세기에 몇 차례 발생했던 디플레이션 기간, 즉 상품 가격이 하락하는 시기에도 가치를 유지하여 자산을 보호한다. "잘 먹기 위해 주식을 사고, 잘 자기 위해 채권을 산다"라는 옛 속담처럼 말이다.

관심이 필요한
비과세 개인연금 저축(Roth IRA)

어떤 사람은 칠판을 손톱으로 긁는 소리에 진저리를 친다. 또 어떤 사람은 치과 의사의 드릴 소리에 진저리를 친다. 하지만 내게는 "비과세 개인연금 저축 계좌를 개설하려고 했지만 시간이 없어서요"라는 말이 그런 진저리 나는 소리다. 그럴 수가! 비과세 IRA는 숨 쉬고 양치질하는 것만큼이나 최우선 순위가 되어야 한다. 이 저축은 당신의 조세 피난처로 반드시 관심을 가져야 한다.

연방 정부가 연간 최대 6,500달러(50세 이상은 일부 고소득자를 제외하면 7,500달러)까지 투자할 수 있도록 허용하는데 59.5세 이후에 인출한다면 저축한 자금의 투자 소득에 대해 영구적으로 전액 세금 감면 혜택을 준다. 비과세 IRA에 적립한 자금을 어디에 투자할지는 당신이 선택할 수 있다. 주식, 채권, ETF 등의 매입이 가능하다. 59.5세 이후에 인출하는 금액은 소득에 합산되지 않으므로 세금이 부과되지 않는다. 만약 해당 연령 이전에 인출하면 인출 금액에 대해 일반 소득세 외에 10%의 추가 세금이 부과된다.

20세가 되어 하루에 5달러를 비과세 IRA에 넣고 미국 주식 시장에 투자하여 과거의 평균 수익률을 올린다면 60세가 되어 약 150만 달러를 면세로 찾을 수 있다. 이 모든 것이 하루 5달러로 가능하다! 물론 이

런 식으로 투자하는 사람은 거의 없겠지만 이 책의 목적은 그렇게 투자하는 사람의 수를 늘리는 것이다.

여러 나라에 이와 비슷한 세금 우대 계좌가 있다. 캐나다에는 비과세 저축 계좌(TFSA, Tax-Free Saving Account)가 있고, 영국에는 주식 투자 개인 저축 계좌(Stocks and Shares Individual Saving Account)가 있다. 이 계좌들은 투자자가 위약금 없이 언제든지 투자금을 인출할 수 있기 때문에 미국의 비과세 IRA보다 훨씬 더 유연하다.(한국의 경우 개인종합자산관리 계좌(ISA, Individual Savings Account)가 IRA와 유사하다.)

주식과 채권

주식과 채권 사이에서 자산을 어떻게 배분해야 할까? 불가피한 시장의 하락에 대비하는 좋은 방법은 가상의 주식과 채권의 포트폴리오를 놓고 가격 하락에 대한 내성을 평가해 보는 것이다. 물론 하락률을 가정하는 것과 실제 손실 금액을 바라보는 것에는 차이가 있기 때문에 이 연습이 완벽하지는 않다. 50만 달러의 포트폴리오 가치가 20퍼센트 하락하는 것을 상상하는 것은 견딜 수 있지만 실제로 경험하는 10만 달러의 손실은 충격적이다. 더욱이 주식 시장의 급락은 경제가 위기에 처해 있고 당신의 일자리가 위험하다는 의미일 수도 있다.

투자금과 월급이 동시에 사라질 수 있다는 생각보다 더 스트레스를 주는 일은 없다! 그렇지만 모든 것을 잃는 것은 아니다. 폴 고갱(Paul Gauguin)이라는 주식 중개인은 1882년의 주식 시장 폭락으로 파리 증권거래소에서 받던 상당한 수입이 사라지자 그림이라는 새로운 열정을 좇기 위해 중개인 자리를 사임했다.

다음 표에서는 포트폴리오에 채권을 추가하면 역사적으로 어떻게 변동성이 줄어들었는지를 보여준다.

장기적으로 만족스러운 수익을 얻기 위해 개인이 감내할 수 있는 포트폴리오의 하락률	개인 포트폴리오에서의 채권 비중
40%	10%
35%	20%
30%	30%
25%	40%
20%	50%
15%	60%

뱅가드의 설립자 존 보글은 『모든 주식을 소유하라』에서 주식 50퍼센트, 채권 50퍼센트의 비율로 시작하는 것이 바람직한 접근법이라고 말한다.[36] 이후에 자신이 주식 시장의 등락을 잘 견디는지, 안정성을 우선시하는지에 따라 주식과 채권 비율을 80 대 20 또는 20 대 80으로 조정할 수 있다. 존 보글은 젊은 투자자에게는

주식과 채권을 80 대 20으로, 중년 투자자에게는 70 대 30으로 배분할 것을 제안한다. 막 은퇴해서 투자 자금의 인출을 시작한 상대적으로 젊은 은퇴자의 경우에는 60 대 40, 고령의 은퇴자에게는 50 대 50의 배분을 제안한다.

회사에서 지원하는 퇴직 연금 또는 퇴직금이 있는 투자자는 허용 가능한 위험을 계산할 때 이러한 자산도 함께 고려해야 한다. 향후 연금이나 퇴직금을 받을 수 있다는 보장은 미래 소득에 대한 불확실성을 일부 제거하며 균형 잡힌 포트폴리오에 포함되는 채권과 비슷한 역할을 한다. 따라서 이러한 투자자는 변동성이 더 큰 투자자산, 즉 주식의 비중을 높이는 투자를 선택할 수 있다.

당신이 포트폴리오의 주식, 채권 비율을 선택하는 데 어려움이 있다고 걱정할 필요는 없다. 생전에 약 8,000만 달러의 순자산을 가졌던 존 보글도 이 문제로 고민했다. 보글은 사망하기 1년 전인 88세에 "내 전체 포트폴리오는 주식과 채권이 대략 50 대 50으로 구성되어 있습니다"라고 했다. "나는 그 배분에 익숙합니다. 하지만 내 생각의 절반은 주식을 너무 많이 가지고 있는 것은 아닌지 걱정하고, 나머지 절반은 주식 비중이 너무 적은 것은 아닌지 걱정합니다. … 결국 적절한 자산 배분에 관해서는 모두가 무지의 안개 속에서 자신의 상황과 상식에 의존할 뿐입니다"라고 고백했다.[37]

대출이 있어도 투자할 수 있을까?

대출의 종류와 이자율에 따라 다르다. 합리적인 수준의 주택 담보 대출(세전 연간 가계 소득의 2.5배 이하)은 투자에 방해가 되지 않는다. 반면에 신용카드 빚은 투자하기 전에 갚아야 하는데 투자로 부자가 되기보다는 높은 이자를 지불함으로써 신용카드 회사를 부유하게 만들어 줄 뿐이기 때문이다.

지금 나는 보글이 생을 마감할 때보다 43세나 젊기 때문에 주식 시장의 변동성이 크게 문제가 되지 않는다. 나는 주식 75퍼센트, 채권 25퍼센트의 비율로 가족의 재산을 관리하려고 노력한다. 시장이 침체기를 겪을 때도 포트폴리오의 가치를 어느 정도 유지하면서 장기 성장 가능성을 높이고 싶기 때문이다. 이 비율이 정확하거나 완벽한 방법이라고 주장하는 것은 아니다. 중요한 점은 당신이 편안하게 생각하는 비율을 찾는 것이다.

이미 퇴직 연금을 내고 있는데
추가로 투자를 해야 할까?

공무원과 같이 은퇴 후 받는 연금이 확실한 사람이 급여에서 자동으로 공제되는 연금 저축 외에도 추가로 저축하거나 투자할 필요가 있는지에 대해 궁금해하는 경우가 있다. 질문에 대한 답은 '그렇다'이며 이유는 다음과 같다.

60세(혹은 55세, 50세…)에 직장을 그만두고 싶지만 은퇴 후 받을 연금을 생각해서 그럴 수 없는 사람들이 많다. 이런 사람들은 대개 자신의 직업에 대해 그다지 만족하지 않는다. 급여의 일부를 수년간에 걸쳐 저축하고 투자해서 충분한 투자 자금이 있다면 언제든 자유롭게 직장을 그만두고 파트타임으로 일을 하든지 직업을 바꿀 수 있고 조기 퇴직을 할 수도 있다. 이러한 관점에서 보면 저축과 투자를 하지 않는 것은 단순히 부자 되기를 포기하는 것이 아니라 타인이 당신의 하루를 어떻게 보내야 할지 결정하도록 내버려두는 일이다.

하고 있는 일이 좋아서 은퇴를 생각하면 가슴이 서늘해지는가? "문제 없어요!" Mr. Money Mustache라는 필명으로 인기 블로그를 운영하는 투자자 피터 아데니가 내게 이렇게 말했다. "어쨌든 재정적으로 독립하세요. 그러면 순전히 재미로 일할 수 있고 조건 협상을 통해 끝도 없는 회의에 참석하지 않아도 되고 자신이 좋아하는 일에 전념할 수 있습니다."

좋은 정보가 현명한 투자자를 만드는 것은 아니다

좋은 투자 기법을 배우려면 지금까지 설명한 내용에 익숙해져야 한다. 하지만 지도를 볼 줄 안다고 해서 모두 모험가가 되지 않는 것처럼 정보를 안다고 해서 자동으로 현명한 투자자가 되지 않는다. 문제는 사람들이 투자를 할 때 감정에 휘둘리기 쉽다는 점이다. 이것이 내가 투자에 관심을 가지게 된 이유이며 이 책을 쓰게 된 계기이기도 하다.

투자에 대해 이야기할 때 보통은 돈에 대해 말한다고 생각한다. 사실은 의심, 희망, 즐거움, 후회, 두려움, 다른 사람의 의견, 안정감, 자존심 등 인간의 감정에 대해 말하고 있는 것이다. 이러한 점이 투자라는 주제를 매우 매력적으로 만든다. 미래 수익률을 좌우하는 가장 중요한 요소는 의심할 여지없이 인간의 행동이다. 다음 장의 주제는 의사들이 왜 그렇게 투자를 못 할까 하는 평범한 질문에서 시작한다.

제 5 장

시속 200킬로미터로
고속도로 질주하기

복잡한 것보다는 단순한 것이 훨씬 더 어렵다.
단순해지려면 생각을 비우고 편안한 마음을 가지려고
엄청난 노력을 해야 한다.

- 스티브 잡스(Steve Jobs)_애플의 공동 창업자

똑똑하다고 모두 투자에 성공하는 것은 아니다

　부자가 될 수 있는 직업을 꼽으라고 하면 대부분 바로 '의사'라고 말한다. 의사가 상당한 수입을 올린다는 것은 누구나 아는 사실이며 전문의의 경우에는 더욱 그렇다. 한 가지 비밀을 이야기하자면 사실 대다수의 의사는 아주 큰 부자가 되지는 못한다. 의사들은 대체로 투자에 서투르기 때문에 큰 부자가 되지 못하는 것이다.

> 당신의 미래를 위한 재무 설계에 가장 큰 위협이 무엇인지 알고 싶다면 집에 가서 거울을 보라.
>
> - 조너선 클레먼츠(Jonathan Clements)_금융 전문 작가

미국, 영국, 캐나다, 호주의 의사들은 대부분 60세 전후 은퇴를 희망하지만 실제로는 69세 무렵에 은퇴한다.[38] 최근 연구에 따르면 의사들이 은퇴를 늦추는 여러 가지 이유에 '재정적인 부담'도 포함된다. "대부분의 의사는 자영업자고 기업의 퇴직금과 같이 안정적인 은퇴 후 소득이 적기 때문에 은퇴에 대비한 저축이 다른 직업보다 더 중요합니다."[39]

이혼으로 재정적인 어려움을 겪고 있던 의사 친구가 투자할 곳을 안다고 말한 적이 있다. "정말 돈이 필요하게 되면 생명공학 회사의 주식을 살 거야. 내가 이미 그 분야에서 일하고 있으니 어렵지 않을 거야"라고 이야기했다. 나는 친구에게 그런 주식을 사는 것은 투자가 아니라 투기라고 말했다. 친구는 말없이 이야기를 경청했지만 수긍하는 눈치는 아니었다.

금융 전문 작가이자 미국에서 주식 중개인으로 일했던 댄 솔린(Dan Solin)은 현직에 있는 동안 수천 개의 투자 포트폴리오를 조사했다. 그는 "내가 본 가운데 최악은 의사와 치과 의사가 보유한 포트폴리오였다"라고 그의 책에 썼다. 왜 그럴까? 댄 솔린은 의사들은 자신이 많은 돈을 번다는 이유로 저축을 늘리고 은퇴 자금을 책임질 펀드 매니저도 잘 고를 수 있다는 믿음을 갖고 있다고 지적했다.[40]

인생에서 성공한 사람들은 금융 시장을 사회적 지위에 따라 보상을 받을 수 있는 곳으로 보는 경향이 있다. 나폴레옹은 "인간은 숫자와 마찬가지로 자신의 지위에 의해서만 가치를 획득한다"고 말했다. 사실 높은 지위에 오르면 온갖 특권이 주어지긴 하지만 그 특권 안에 투자에 성공하는 일까지 포함되지는 않는다.

실제로 똑똑한 사람들이 형편없는 투자자인 경우가 많다. 금융 저널리스트 엘리너 레이즈(Eleanor Laise)는 전 세계 인구의 2퍼센트 이내에 드는 IQ 132 이상의 멘사(Mensa) 회원으로 구성된 투자 그룹의 주식 시장 수익률을 15년 동안(1986~2001년) 추적하여 이를 증명한 바 있다. 우량 종목을 선정하려 노력했던 멘사의 총명한 투자자들이 올린 수익률은 연평균 2.5퍼센트를 기록한 반면 S&P 500 지수는 연평균 15.3퍼센트가 상승했다.[41]

미국의 억만장자 찰리 멍거는 이렇게 단언했다. "사람들은 지적이고 열심히 일하는 사람이라면 누구나 훌륭한 투자자가 될 수 있다고 생각합니다. 똑똑한 사람은 여러 가지 명백한 함정을 피하고 꽤 훌륭한 투자자가 될 수 있을 것이라 여깁니다. 하지만 누구나 위대한 체스 선수가 될 수 없듯이 모두가 위대한 투자자가 될 수도 없습니다."[42]

금덩이와 전기톱으로 하는 저글링

그럼에도 불구하고 가끔 현명한 판단을 내려 투자 계좌에 잔고를 빠르게 쌓는 사람들이 있다. '시장을 이긴' 종목을 선택한 사람들이다. 그들은 머리가 희끗희끗해질 때까지 기다리지 않아도 1만 5,000달러를 4만 5,000달러로, 15만 달러를 45만 달러로 만들었다. 당신이 그중 한 사람이라면, 아직 당신의 포트폴리오 성과를 계산해 보지 않았다면 이번 기회에 한번 계산해 보기 바란다.

나는 무료 사이트인 포트폴리오 비주얼라이저(Portfolio Visualizer)에서 이 작업을 한다. 해당 사이트에서 백테스트 포트폴리오(Backtest Portfolio) 페이지로 들어가 당신이 보유한 주식을 입력하고 비교 시작 시점을 선택하면 벤치마크(시장 평균 또는 지수)와 당신의 수익률을 비교할 수 있다. 개별 종목을 매수하여 시장 수익률을 상회했다고 생각했던 나의 친구들은 계산을 해 보고는 크게 놀랐다. 단기간에는 시장 수익률을 이길 수 있었지만 장기간 평가에서는 시장보다 낮은 수익률을 보였기 때문이다. 그들이 놀랐던 이유는 아마도 본인의 긍정적인 판단에는 크게 고무되고 그저 그랬거나 파국적인 결정은 대수롭지 않게 여겼기 때문이 아닌가 싶다. 이러한 측정 결과는 주식 투자와 관련된 중요한 사실을 강조한다. 투자의 성공 여부는 몇 년 단위가 아니라 수십 년 단위로 측정해 보아야 한다는 점이다.

대부분의 사람들은 투자 가치가 즉각 상승하기를 원한다. 단기간에 시장을 이기면 스스로가 옳다고 결론 내린다. 하지만 성공한 투자는 몇 달 혹은 몇 년간의 수익률과는 무관하다. 금융 전문 작가이자 〈월스트리트 저널〉의 칼럼니스트인 제이슨 츠바이크는 "장기적인 재무 목표를 달성하려면 투자 기간 내내 지속적으로 올바른 결정을 해야 한다"라고 말한다. 그는 약 200킬로미터 정도 떨어진 도시에 가려는 운전자를 예로 들어 설명한다. "제한 속도 100킬로미터를 준수하면 두 시간 안에 도착할 수 있습니다. 하지만 시속 200킬로미터로 달리면 한 시간 만에 갈 수 있습니다. 제가 이렇게 해서 살아남는 것이 '옳은' 것일까요? 저의 시도가 '성공'했다고 해서 당신도 같은 유혹을 느껴야 하나요?"[43]

츠바이크의 말은 유망한 기업이나 펀드에 투자하여 높은 수익을 올리려는 생각은 마치 금덩이와 전기톱을 가지고 저글링하는 것과 같다는 이야기다. 금덩이를 잡으면 세상 꼭대기에 올라간 기분이 든다. 하지만 뒤이어 손바닥에 전기톱 날이 떨어진다는 사실을 잊어서는 안 된다.

인내심과 올바른 행동의 가치

벤저민 그레이엄은 20세기 최고의 투자자 가운데 한 명이다. 1949년에 출간된 『현명한 투자자 *The Intelligent Investor*』는 오늘날에도 여전히 인기 있는 베스트셀러이자 투자 업계의 바이블로 여겨진다. 당시 그레이엄은 뉴욕 컬럼비아 대학의 교수였고 워런 버핏이라는 청년은 그의 가장 뛰어난 제자 중 한 명이었다.

벤저민 그레이엄이 대중화한 투자 기법 중 하나가 '담배꽁초 투자법(cigar butt investing)'이다. 유행에 뒤떨어지고 전망이 불투명하며 시장에서 관심을 받지 못하는 기업의 주식을 매입하는 것이었다. 그런 주식은 낮은 가격에 거래되는데 그레이엄이 보기에는 너무 낮았다. 그레이엄의 전략은 헐값에 사서 약간의 수익을 본 후에 매도하는 것이었다. 이러한 투자 기법은 길가에 버려진 담배꽁초를 줍는 것과 같다. 더럽고 보기 흉한 담배꽁초지만 한두 모금 피우기에 좋은 담배꽁초도 더러 있다. 초창기에 워런 버핏은 담배꽁초 투자법을 성공적으로 사용했다. 하지만 상장 기업에 대한 분석 기법이 개선되고 기업의 실제 가치가 주가에 반영될 가능성이 높아지면서 투자자들은 더 이상 이 방법을 사용하지 않게 되었다.

이후 수백 가지의 서로 다른 투자 전략이 등장했다. 그 가운데 하나가 유망한 신생 기업의 기업 공개(IPO)에 투자하는 것이다. IPO가 주목받으면 회사 창립자는 기업을 일군 대가로 종종 수백만 달러를 벌 수 있다. 하지만 흥행에 성공한 IPO가 투자자들에게도 매력적인 수익을 주는 경우는 드물다. 미국 재무 설계사 협회의 연구에 따르면 장기적으로 볼 때 IPO 기업의 주식은 시장 평균보다 연간 2퍼센트에서 3퍼센트 정도 수익률이 낮은 것으로 나타났다.[44] 연구를 주도한 데이비드 주커먼(David Zuckerman)은 "IPO 주식을 매수하는 것은 복권을 사는 것과 같다"라고 말한다. "주식 시장의 여러 지수를 능가하는 것이 목표라면 IPO가 도움이 되기보다는 불리하게 작용할 가능성이 훨씬 더 클 것입니다."[45]

기술적 분석과 같은 기법도 아주 효과적으로 보인다. 기술적 분석은 주식의 방향을 예측하여 수익을 낼 수 있도록 주식의 움직임과 관련된 일련의 지표를 해석하는 방법이다. 미국, 영국, 독일, 이탈리아의 주식 시장 데이터로 실시한 연구에 따르면 기술적 분석을 통해 구성한 포트폴리오의 수익률이 무작위로 종목을 선택한 포트폴리오보다 더 낮았다.[46]

다시 말하지만 여기서 교훈은 '시장을 이기는' 종목을 선택하는 완벽한 방법이라는 말에 너무 흥분하는 일은 위험하다는 것이다. 어떤 방법도 완벽하거나 영원하지 않다. 어쨌든 현명한 투자를 위해 아주 똑똑해야 하는 것은 아니다. 좋은 투자를 하려면 올바른 행동이 필요하다. 인내심이 필요하다.

벗어나기 힘든 고수익이라는 유혹

투자자가 자신의 투자를 다루는 방법은 사람에 따라 매우 다르다. 몇몇 친구나 친척은 지수형 ETF 포트폴리오를 구성한 이후 주기적으로 자금을 추가하는 정도로 투자를 이어간다. 시장이 크게 흔들렸을 때 어떻게 대처했는지 그들에게 물어보았다. "아무것도 하지 않았어요." "주가가 하락하는 것은 알고 있었지만 신경 쓰지 않았어요."

다른 사례는 좀 더 어려운 경우다. 인덱스 ETF로 균형 잡힌 포트폴리오를 가지고 있던 한 친구는 애플이나 테슬라 같은 주식이 급등하는 동안 자신의 계좌 잔고가 등락을 거듭하는 것을 보고 참을 수 없었다. 내가 연락할 때마다 그는 자신의 투자 전략에 대해 알려주었다. 먼저 그는 친구의 추천으로 고액의 수수료를 받는 포트폴리오 매니저에게 자신의 계좌를 옮겼다. 결과에 만족하지 못한 그는 다시 꽤 유명한 고액 자산가들과 거래하는 훨씬 더 화려한 실적을 가진 전문가에게 자금을 맡겼다. 그러던 중 '한 달에 10퍼센트의 수익을 창출할 수 있는' 투자 알고리즘을 개발한다는 '똑똑하고 논리적인' 친구를 찾았다. 이 알고리즘은 지금까지도 완성되지 않았다.

내 친구는 과연 자신의 투자 자산을 가만히 내버려둘 수 있었을까? 아무리 논리, 논증, 통계를 동원해도 언제나 반짝이는 물건이 새롭게 나타나서 단숨에 부자가 될 수 있다는 그의 희망을 계속 부추길 것이다.

다른 사람과도 같은 주제로 힘겨운 토론을 한 적이 있다. 그는 50세에 가까운 나이였음에도 은퇴 자금이나 보유한 부동산이 없고 직장 생활을 통해 저축한 돈은 3만 달러에 불과했다. 그의 목표는 그 돈을 불려서 재정적으로 자립하고 가능한 한 빨리 일을 그만두는 것이었다. "지수 ETF와 장기 투자의 이점을 잘 알고 있습니다"라고 그는 말했다. "하지만 제 목표는 보다 큰 수익을 얻는 것입니다. 제 나이에 이 정도 재산으로는 낭비할 시간이 없습니다. 투자금이 1년에 1,500달러씩 늘어나는 것은 충분하지 않아요. 세 배로 늘리고 싶어요. 10명 가운데 9명의 투자자가 시장 수익률을 이기는 데 실패한다는 것은 알고 있습니다. 하지만 열심히 노력해서 10퍼센트의 성공하는 투자자 안에 드는 것이 저의 목표입니다."

그는 동전 주식(시장에서 주당 5달러 이하로 거래되는 투기성이 높은 주식)에 투자하고 변동성이 큰 LSD, 케타민(ketamine, 환각성 마취제), 마법의 버섯 같은 환각제 사업을 하는 기업 주식, 그리고 역시 변동성이 큰 관련 기업의 주식 몇 종목을 사들였다. 이 투자자는 3년 전에 주식 투자를 시작했다. 잘한 결정도 있고 잘못한 결정도 있었지만 결과적으로 돈을 잃고 극심한 스트레스를 경험했다. 같은 기간 인덱스 ETF는 30퍼센트 상승했다.

나는 그 사람의 심정에 공감한다. 매일같이 주식 시장을 들여다보고 다양한 블로그를 읽고 투자에 대해 진지하게 고민하는 일은 마치 길거리에 서서 술집 창문을 통해 화려한 파티를 보는 것과 비슷한 느낌이다. 술집 안에 있는 사람들은 다들 멋지게 차려입고 손에는 술잔을 들고 있다. 모든 일이 그들이 원하는 방식대로 진행되는 것 같다. 당신도 그 파티의 일부가 되고 싶다. 너무 가까워서 거의 만져질 것만 같다. 하지만 막상 그 안에 들어가기로 결정한 순간 당신은 술집 창문이 아니라 매디슨 스퀘어 가든에 있는 아이스하키 링크 앞에 있다는 것을 깨닫는다. 그 멋진 손님이 스케이트를 타고 갑자기 전속력으로 당신을 향해 달려와 아이스하키 퍽을 빼앗아가는 29세의 거대한 수비수가 된다.

3년간 투자 손실을 겪으면서 조급해했던 그 투자자도 이 사실을 이해하기 시작했다. 하지만 그는 계속 시도하고 싶어 했다. "당신은 신기루를 쫓고 있습니다." "당신의 목표는 부자가 되는 것인데 오히려 부자가 되는 데 장애가 되는 일만 하고 있습니다."

인생 후반기에 투자를 시작하면 그동안 투자하지 않았던 기간을 만회하려는 생각에서 폭발적인 수익률, 즉 지속적이고 예측 가능한 방법으로는 달성하기 어렵고 치명적인 손실을 입을 위험이 높은 수익률을 쫓는 함정에 빠진다. 막 투자를 시작하는 40대나 50대는 불리한 위치에 있다. 하지만 장점도 있다. 이들은 일반적으로 20대보다 더 많은 수입을 올리기 때문에 많은 돈을 저축할 수 있다. 또한 나중에 상속을 받아(미국 중산층의 평균 상속액은 10만 달러를 넘는다) 자산을 늘릴 수도 있다. 더욱이 당신의 투자 인생이 65세에 끝나는 것이 아니라는 사실을 잊지 말자. 지금 50세 투자자는 앞으로 40년 이상 투자할 수도 있다.

나는 불안해하는 투자자에게 투기를 그만두고 저축을 늘리라고 제안했다. 분산 투자 방식으로 투자하면 그 자금이 평생 그를 위해 일하고 투자 운용 방식에 대해 후회할 위험을 최소화할 수 있다. 그는 내 말을 경청하긴 했지만 높은 수익률이라는 유혹이 머릿속을 가득 채우고 있었기 때문에 효과는 기대하기 어려울 것이다. 그에게 행운을 빌어주는 것으로 대화를 마쳤다.

모범 사례에서 배울 수 있는 것들

앞에서 설명한 투자자 행동이 독특한 것은 전혀 아니다. 주식 시장의 역사에 정통한 투자자, 이 책의 개념을 이해하고 실제로 적용하는 투자자도 시간이 지나면서 이러한 원칙에서 벗어날 수 있다.

금융 블로거 빈센트 모린(Vincent Morin)은 지수 ETF가 장기적으로 더 수익을 낼 가능성이 높다는 점을 잘 알면서도 개별 종목을 고르는 방식으로 전환했던 이야기를 한 적이 있다. "성장주나 변동성이 큰 주식에 더 '재미있게' 투자하고 싶다는 생각 등 여러 가지 이유로 지수형 ETF에서 벗어났습니다."[47] 이런 방식으로 단기간에 몇 차례 큰 수익을 거두었다. 하지만 몇 차례 손실도 보았는데 한 번은 상당히 큰 손실이었다고 한다. 그 충격으로 모린은 원래의 투자 전략으로 되돌아왔다. "실수를 통해 배우는 거지요. 이러한 실수가 너무 큰 대가를 치르지 않기를 바랍니다"라고 그는 말한다.[48] 이 투자자의 자기 분석 능력은 인상적이다. 대부분의 투자자는 시장을 이겨 보겠다고 애쓰는 대신 모범 사례를 실천한다면 자신의 자산이 어떤 성과를 낼 수 있을지를 전혀 계산하지 않는다.

금융 작가이자 투자자, 『백만장자 선생님의 부자 수업*Millionaire Teacher*』[49]의 저자인 앤드류 할램은 수년 전 100만 달러가 넘는 전체 포트폴리오를 매각하고 지수형 ETF로 교체하기로 결정하면서 한 가지 사실을 깨달았다. 할램은 어떤 전문가보다 더 철저하게, 혹자는 광적이라고 표현할 정도로 분석하여 자신의 주식 포트폴리오를 구축했다. "관심 있는 기업이 생기면 10년 동안의 사업 보고서를 요청한 다음, 뒷부분에 있는 중요한 내용(소송, 미납 세금 등)부터 한 자 한 자 읽어 보았습니다. 배당금의 증가, 매출 증가, 순이익 규모와 같은 데이터는 기초 자료에 불과합니다. 저는 오랜 시간을 들여 매수 결정을 내리며 보통은 아무도 원하지 않을 때 주식을 샀습니다."[50]

배당금은 공돈인가?

배당금은 매 분기 말 혹은 연말에 기업이 주주에게 돌려주는 기업 이익의 일부다. 배당금은 투자 계좌에 현금 형태로 지급되기 때문에 공돈이라고 생각할 수 있다.

일부 투자자는 주식을 팔지 않으면서 손쉽게 수익을 올리는 방법으로 배당금에 집착하는 것 같다. 하지만 배당은 하늘에서 그냥 떨어지는 것이 아니다. 수익의 일부를 투자자에게 지급하기로 결정한 기업은 장비나 시설의 개선 혹은 신제품 개발 등 다른 곳에 투자할 기회를 포기하는 것이다. 또 배당 대신 제품을 개선하고 수익 전망을 높여 기업 가치를 올리는 데 이익을 사용하는 경쟁사에 의해 추월당할 수 있다. 배당금을 지급하면 그에 해당하는 금액만큼 기업의 시장가치가 하락하는 경향이 있다.[51] 장기적으로 보면 배당금을 지급하는 기업의 주식 수익률이 그렇지 않은 기업보다 더 높다는 증거는 없다.

할램의 포트폴리오는 몇 년 동안 주식 시장의 지수보다 더 빠르게 성장했다. 하지만 그는 자신의 운이 좋았을 뿐이라고 생각했다. "제 자존심은 주식을 계속 보유하라고 했습니다. 하지만 머리는 주식을 팔고 시장의 지수를 따라가라고 했습니다." 수년간 고민하고 망설인 끝에 할램은 매도를 결정했다. 당시 할램은 자본 소득에 세금을 부과하지 않는 싱가포르에 거주하고 있었기 때문에 매도에 따르는 고민을 덜 수 있었다. "마침내 결심했을 때는 빨리 실행해야 했습니다." "주식을 팔고 나서 일주일 동안은 허전했습니다."

할램이 실행을 결심한 계기는 자신이 선택한 개별 종목의 포트폴리오를 계속 보유하는 경우 얼마나 많은 돈을 잃게 될지를 계산한 결과다. 만약 그가 보유한 주식이 향후 20년간 매년 1퍼센트씩 시장 지수보다 수익률이 낮게 되면 그의 '자존심' 때문에 20년 동안 누적으로 40만 달러의 손실이 발생하게 된다. 할램은 매년 1퍼센트씩 시장 수익률을 이겨 40만 달러를 더 벌 수 있다고 말하는 사람들에게 세계 최고의 포트폴리오 매니저들조차도 그와 같은 수익률 달성을 위해서라면 팔다리를 모두 내놓을 것이라 했다. "그럴 확률은 크지 않습니다"라고 말한다.

여러 얼굴을 가진 양도 소득세

주식의 매각 차익에 대해 세금을 내야 할까? 투자금을 보유하고 있는 계좌의 유형에 따라 납부해야 하는 세금이 다르다. 예를 들어 은퇴를 위해 저축하는 사람들이 가장 많이 선택하는 개인연금 계좌(IRA)의 경우 59.5세 이후 계좌에서 돈을 인출할 때 세금을 납부한다. 인출한 금액은 해당 연도의 소득에 전액 합산된다. 하지만 비과세 IRA의 경우에는 59.5세 이후에 인출하면 전액 비과세 대상이다.

일반 주식 계좌에 보유한 투자 상품을 팔아 이익을 보면 어떨까? 이러한 유형의 계좌를 둘러싼 특정한 통념이 있다. 투자를 해서 감히 이익(자본 소득)을 보려고 하면 정부가 당신을 잡아먹을 것이라고 생각한다. 실제로는 인내심을 가지고 투자하면 일반적으로 세금을 덜 낸다.

미국에는 단기 자본 소득세와 장기 자본 소득세의 두 가지 유형이 있다. 단기 자본 소득세는 1년 이내에 매매한 금융 상품에 적용된다. 매매로 인한 자본 소득은 해당 연도의 소득에 추가된다. 반면에 장기 자본 소득세율은 1년 이상 보유한 투자 상품에 적용된다. 장기 자본 소득에 대한 세율은 해당 연도의 소득 수준에 따라 0%, 15%, 20%가 될 수 있다. 예를 들어 1,000달러에 매수하여 1년 이상 보유한 투자 상품을 2,000달러에 매도한 사람은 1,000달러의 자본 소득을 실현하여 최대 20%에 해당하는 200달러의 연방세를 납부해야 한다. 투자자는 1,800달러를 가진다. 대부분의 주에서 자본 소득에 세금을 부과하지만 일반적인 소득세보다는 낮은 세율을 적용하는 경우가 많다. 알래스카, 플로리다, 뉴햄프셔, 네바다, 사우스다코타, 테네시, 텍사스, 워싱턴, 와이오밍을 포함한 일부 주에서는 자본 소득에 세금을 부과하지 않는다.

복리의 무한 비전

사이먼 시넥(Simon Sinek)은 그의 책 『인피니트 게임*The Infinite Game*』에서 인생에서의 단기적인 승리와 그가 '무한한 비전'이라고 부르는 장기적인 관점을 취해 얻을 수 있는 지속적인 이점을 구분했다. "여러 이점에도 불구하고 무한하게 장기적인 관점에서 행동하는 일은 쉽지 않습니다"라고 시넥은 말한다. "정말 많은 노력이 필요합니다. 인간은 본능적으로 불편한 문제는 즉각 해결하려 하고 야망을 이루기 위해 당장의 승리를 우선시하는 경향이 있습니다. 인간은 성공과 실패, 승자와 패자의 관점에서 세상을 봅니다. 이러한 승패의 관점은 단기적으로는 효과가 있을 수 있지만 장기적으로는 심각한 결과를 초래할 수 있습니다."[52]

성공적인 투자에도 장기적 관점이 필요하다. 투자에는 결승선이 없는 경우가 많다. 몇 달 만에 60퍼센트의 수익률을 올린다면 아주 흥분되는 일이다. 하지만 죽음을 앞둔 사람이 아니라면 투자 기간은 그 몇 달보다 훨씬 길다. 그렇기 때문에 사람들이 몇 달 혹은 몇 년 동안에 엄청난 수익을 올렸다는 이야기를 하면 무슨 말을 해야 할지 모르겠다. 조그만 회사의 주식이 튀어 올라 큰돈을 벌었다는 말을 들을 때도 마찬가지다.

높은 수익률을 목표로 하는 것이 나쁘다는 말이 아니다. 다만 폭발적인 성과를 달성하려는 욕심은 마라톤을 뛰면서 약 12킬로미터

지점에서 선두로 치고 나갈 방법을 찾는 것과 비슷하다는 말이다. 당신이 원하는 것이 정말 그런 것일까? 레이스 도중 어느 곳에서라도 추락하면 투자자로서 당신 실적은 형편없어진다.

빨리 부자가 되려고 높은 수익률을 추구하다 보면 경험 많은 투자자도 종종 오해하는 중요한 진실을 놓치게 된다. 평균 수익률(시장 평균을 달성한다는 의미에서)을 달성하는 일은 평균 투자자가 되는 것이 아니다. 수년에 걸쳐 평균 수익률을 유지할 수 있다면 당신은 헤비급 투자 챔피언이 된다. 언뜻 보기에는 말이 안 되는 소리다. 투자 가치가 한 해에 18퍼센트 상승했다가 다음 해에 5퍼센트 하락하고 그다음 해에는 9퍼센트 상승하면 당신의 투자가 어느 방향을 향하는지 감이 안 잡힐 수도 있다. 적어도 단기적으로는 그렇다.

하지만 투자 기간이 10년, 15년을 경과하면 경이로운 일이 일어난다. 평균 속도로 성장하던 투자 가치가 그때부터 일 년, 한 달, 일주일, 심지어 하루에 수만 달러씩 변한다. 이전처럼 시장의 움직임 때문에 그런 변동이 생기는 것이 아니다. 복리 효과가 서서히 나타나기 때문이다. 복리란 간단히 말해 이자에 대한 이자다. 그 결과 원리금이 증가하는 모양이 선형이 아니라 기하급수적으로 늘어난다. 원금에 대한 이자는 이자를 낳고, 그 이자는 또다시 이자를 낳는다.

당신은 프랑스 작가 마르셀 파뇰(Marcel Pagnol)이 쓴 고전 소설 『마농의 샘Jean De Florette』의 주인공인 장 드 플로레트가 된다. 도시에 사는 장 드 플로레트는 상속받은 부동산이 있는 프로방스의 한 마을에서 토끼 농장을 하려고 했다. 이웃인 위골랭이 이렇게 이야기한다. "토끼 두 마리로 시작해서 6개월이 지나면 1,000마리가 넘습니다. 그런 식으로 토끼들이 호주를 먹어 치운 것입니다."

당신은 투자금이 장 드 플로레트의 토끼처럼 되기를 바란다. 하지만 6개월만으로는 충분하지 않다. 당신의 토끼들이 호주를 먹어 치우는 모습을 보려면 몇 년은 기다려야 한다. 호주에서는 1859년 사냥용으로 가져온 13마리의 토끼가 오늘날 2억 마리 이상으로 늘어났다. 참고로 이자라는 뜻의 interest는 그리스어로 '자손'을 의미하며 시간이 지날수록 번식하는 가축을 뜻한다.

벤저민 프랭클린(Benjamin Franklin) :
복리 부문 금메달리스트

복리의 힘을 가장 잘 실천한 사람이 벤저민 프랭클린이다. 정치가이자 과학자, 자수성가한 인물이자 미국 헌법의 아버지인 프랭클린은 "돈이 돈을 번다. 그리고 그 돈이 다시 돈을 번다"라는 말로 복리 이자를 설명했다.

벤저민 프랭클린은 50년, 60년, 70년 동안이 아니라 무려 200년 동안 자신의 돈을 불렸다. 프랭클린이 인생의 마지막 즈음에 보스턴과 필라델피아의 젊은 숙련 노동자들을 돕는 데 사용할 목적으로 조성된 펀드에 1,000파운드(현재 가치로 약 20만 달러)를 투자해 달라고 유언했기 때문이다.[53] 프랭클린은 자신의 사후 100년과 200년이 되는 시점에 각각 절반씩 투자금을 회수하기를 바랐다. 1890년에 판매된 첫 번째 펀드는 현재 500여 명의 학생이 재학 중인 보스턴 소재 벤저민 프랭클린 공과 대학(BFIT, Benjamin Franklin Institute of Technology)의 설립 자금으로 사용되었다. 1990년 당시 650만 달러에 달했던 나머지 투자금은 필라델피아의 과학 박물관을 운영하는 프랭클린 재단(The Franklin Institute)에 기부되었다.[54] 이 기발한 투자 계획은 실제로 돈이 돈을 벌게 한다는 교훈을 준다.

다음 계산식의 첫 번째 행은 연간 10퍼센트의 이자로 1만 달러를 투자하여 추가로 1만 달러를 버는 경우를 계산한 결과다. 다른 행에서는 첫 번째 계산과 마찬가지로 1만 달러를 추가하는 데 소요되는 기간을 나타내며 보기 쉽도록 반올림했다.

1만 달러 × 1.1 × 1.1 × 1.1 × 1.1 × 1.1 × 1.1 × 1.1
≒ 2만 달러(7년)

2만 달러 × 1.1 × 1.1 × 1.1 × 1.1 ≒ 3만 달러(4년)

3만 달러 × 1.1 × 1.1 × 1.1 ≒ 4만 달러(3년)

4만 달러 × 1.1 × 1.1 ≒ 5만 달러(2년)

예시를 보면 1만 달러의 포트폴리오에서 추가로 1만 달러를 늘리는 데는 7년이 걸린다. 그러나 포트폴리오의 자금이 4만 달러인 경우에는 동일한 1만 달러를 늘리는 데 2년이 조금 넘게 걸린다. 1만 달러에서 시작하면 대략 16년 만에 5만 달러에 도달하여 총 400퍼센트의 수익을 올린다. 적시에 올바른 종목을 선택하여 벌 수 있는 몇 년 동안의 예외적인 수익이 목표가 아니다. 투자자로서 당신의 임무는 당신을 부자로 만드는 것은 복리라는 사실을 잊지 않는 것이다.

복리가 그 독특한 힘을 발휘하려면 시간이 필요하다. 크게 오를 것으로 예상되는 소규모 생명공학 기업에 투자하고 싶어서, 혹은 시장이 떨어질까 두려워 기존의 투자를 중단하는 일은 복리 효과를 저해하는 행동이다. 이 주제에 관해 내가 가장 좋아하는 자료는 자산 관리 회사인 피델리티가 수행한 연구다. 피델리티의 경영진이 수백만 명의 고객 가운데 장기적으로 가장 높은 수익을 달성한 고객이 누구인지 알고 싶어 했다. 그 결과 최고의 수익률을 기록한 고객은 피델리티에 자신의 계좌가 있다는 사실을 잊고 있던 고객이었다.[55]

복리 이자는 성공적인 투자의 토대다. 투자한 자산이 가능한 한 빨리, 그리고 오랫동안 성과를 내지 못할 거라는 전망은 당신을 두렵게 한다. 평생 한 푼도 쓰지 말아야 하고 나이가 들어야만 부자가 될 수 있다는 것이 아니다. 인간의 삶은 일생에 걸쳐 소비와 저축및 투자 사이에서 균형을 이루어야 한다고 믿는다. 하지만 대부분의 사람들이 이러한 균형을 잘 이루지 못한다. 우리 사회의 모든 관심이 소비에만 집중되어 있고 저축과 투자에 대한 관심은 거의 없다. 복리의 원리를 이해하는 것은 이러한 불균형을 바로잡는 한 가지 방법이다.

부와 관련하여 사람들이 지름길이라고 생각하는 길은 신기루인 경우가 많다. 이 사실을 빨리 깨달을수록 성공적인 투자자 그룹, 즉 서두르지 않는 투자자 그룹에 더 빨리 합류할 수 있다. 워런 버핏은 이렇게 말하곤 했다. "아홉 명의 여성을 임신시킨다고 한 달 안에 아기를 만날 수는 없습니다. 아무리 뛰어난 재능을 가졌거나 노력을 하더라도 시간이 걸려야 하는 일이 꼭 있습니다."

18세 이전에 투자를 시작해도 될까?

복리 효과를 극대화하려면 가능한 한 어릴 때, 즉 가급적 어린이나 청소년 시기에 투자를 시작하는 것이 좋다. 부모가 관리하는 위탁 계좌를 개설하여 자녀가 조기에 투자자가 되도록 도울 수 있다. 찰스 슈와브, E-트레이드, 피델리티 등 여러 온라인 증권사에서 이 같은 계좌를 제공한다. 위탁 계좌는 모든 자산이 자녀의 이름으로 보유되며 자녀가 성년(미국은 일반적으로 18세, 관할 주에 따라 최대 25세)이 되면 자녀에게 계좌 관리를 넘겨야 한다.

투자에서 승리하는 방법

복리의 힘이 직관적이지 않은 이유는 시간이 인간의 편이 되는 경우가 드물기 때문이다. 주변에 있는 대부분이 세월이 지나면서 가치를 잃고 성능이 떨어진다. 몇 년 전에 구입한 고성능 컴퓨터의 속도가 느려지기 시작한다. 집은 비바람을 견디기 위해 값비싼 유지보수가 필요하다. 심지어 몸도 닳는다. 하지만 투자에서는 반대의 현상이 일어난다. 투자 세계는 시간이 인간의 편이 되는 드문 경우 가운데 하나다.

투자에서 시간의 중요성을 간과하는 경우가 많다. "이 업계에서는 단기간의 수익이 가장 중요합니다. 투자자들은 오늘 당장, 아니 사실은 이미 어제부터 엄청난 수익을 기대하고 있습니다." 아이러니한 점은 거의 모든 투자자가 가격 상승이 기대되는 주식을 매수하면서 커리어를 시작한다는 것이다. 마치 관문과도 같다.

포트폴리오 매니저인 이안 가스콘도 그런 식으로 주식 시장에 관심을 갖게 되었다. 그는 고등학교에 다닐 때 처음으로 주식을 사기로 결심했다. "저는 제 돈이 저를 위해 일할 수 있다는 생각에 매료되었습니다." "저는 수수료를 할인해 주는 브로커에게 계좌를 개설했고 다른 사람들처럼 실수를 저질렀습니다. 조금 순진했었지요. 주식을 사긴 했지만 제가 무엇을 하고 있는지 잘 몰랐어요." 고등학교 때 가스콘은 가상의 포트폴리오를 만들어 투자하는 시뮬레이션 투자 대회에 참가했다. 몇 년 후, 그는 이 대회에서 대상을 수상했다. "그 상이 저에게 잘못된 신호를 주었습니다."

공학 학사와 금융학 석사 학위를 취득하고 경영 대학원을 나온 이안 가스콘은 주식 시장에서 엄청난 수익을 가져올 만한 투자처를 찾는 것으로 커리어를 쌓을 수도 있었다. 하지만 그는 그 길을 택하지 않았다. 대신 가스콘은 자신의 고객을 위해 저비용 상장지수펀드 포트폴리오를 관리하고 있다. "핵심은 반짝이는 성과를 쫓지 않는 것입니다"라고 결론을 내렸다. "중요한 점은 장기간 투자를 유지하는 일입니다."

내가 맞다는 잘못된 생각

항상 더 잘할 수 있었다고 생각하기 때문에 투자에서 좌절감을 느낀다. 시장 침체기에 투자했다가 시장이 빠르게 상승하면 더 많이 투자하지 않은 것에 실망한다. 매수한 후에 시장이 하락하면 운이 나빴다고 후회하고 좀 더 기다릴 걸 그랬다고 말한다. 이런 생각은 보편적인 감정이다. 투자자로서 당신은 이 점을 부인할 수 없을 것이다. 당신은 항상 더 잘할 수 있었다. 당신 생각이 맞을 때도, 수익률이 좋을 때도 마찬가지다. 항상 더 잘할 수 있었을 것이다. 투자는 언제나 실망을 동반한다. 적어도 단기간에는 그렇다.

기회비용이란?

기회비용은 어떤 결정을 내림으로써 암묵적으로 포기하는 금전적 이득을 말한다. 예를 들어 콘도 계약금으로 10만 달러를 지불하는 사람은 그 돈을 주식 시장에 투자했다면 얻을 수 있었던 수익을 암묵적으로 포기하는 것이다. 또 과도한 현금을 보유하고 있는 사람은 이 현금을 투자했다면 창출할 수 있었던 수익을 포기하는 것이다.

수년간 투자 활동을 하고 신중하고 철저한 조사를 거쳐 유망 종목을 매수한 사람들은 이 책을 읽으며 기쁨의 비명을 지르지는 않을 것이다. 어떤 투자자에게는 주식 매매가 흥미진진한 일일 것이다. 하지만 이런 투자자들은 보유한 재산의 일부(5% 또는 10%)만 주식에 투자하고 거래하는 것이 좋다. 투자금의 90퍼센트 또는 95퍼센트를 수십 년 동안 인덱스 ETF에 넣어 투자금을 불리는 데 도움이 된다면 이 책은 역할을 다한 것이다.

제이슨 츠바이크는 "투자가 흥미진진하다고 생각한다면 투자를 제대로 하고 있지 않은 것입니다"라고 말한다. "투자는 사람의 손길이 필요 없는 공장처럼 기계적이고 반복적인 과정이어야 합니다. 우리가 손을 대는 모든 조정은 거의 틀림없이 실수입니다. 사람들은 이 점을 받아들이기 어려워합니다."[56]

당신이 투자를 진지하게 하기 위해서 최신 경제 데이터, 전문가의 전망, 시장 동향을 파악해야 한다고 믿는다면 다음 장이 도움이 될 것이다.

제 6 장

TV와 알림을 꺼라

경제 예측의 유일한 순기능은 점성술을 존경하게 만든다는 것이다.

- 존 케네스 갤브레이스(John Kenneth Galbraith)_경제학자이며 미국 대통령 경제 고문

스토리가 세상을 바꾼다

프랑스 파리에 있는 루브르 박물관을 가본 적이 있는가? 그랬다면 아마 '모나리자'를 감상했을 것이다. 1507년에 레오나르도 다빈치가 그린 이 걸작은 세계에서 가장 유명한 그림이며 가장 비싼 그림이기도 하다. 보험에 들기 위해 산정한 그림의 가치는 거의 10억 달러에 달한다. 매년 루브르 박물관을 방문하는 1,000만 명의 방문객 중 800만 명이 모나리자의 신비로운 미소를 보기 위해 이곳을 찾을 정도로 '모나리자'는 대중의 사랑을 받고 있다.

루브르 박물관은 3만 5,000점이 넘는 유물을 소장하고 있는 세계 최대의 예술품 및 유물 박물관인데 '모나리자'는 그중에서도 사람들이 가장 보고 싶어 하는 작품이다. 그런데 '모나리자'가 처음부터 루브르 박물관의 스타였던 것은 아니다. '모나리자'의 인기는 놀랍게도 100여 년 전 유럽과 세계의 이목을 집중시킨 도난 사건에서 시작되었다.

1911년 8월 20일 일요일 저녁, 3명의 남자가 루브르 박물관에 숨어들었다. 다음 날 아침, 박물관이 문을 열기 전에 이들은 유리로 된 보호 틀과 액자를 뜯어내고 모나리자를 꺼내 담요로 감싼 후 조용히 사라졌다. 도난 경보도 울리지 않았다. 아무도 그림이 없어진 것을 알아차리지 못했기 때문이다. 박물관 내부의 모습을 그리던 화가가 그림이 없어진 걸 알고 짜증을 내며 불평을 늘어놓기까지는 28시간이 넘게 걸렸다.

'모나리자' 도난 사건은 전 세계 언론의 헤드라인을 장식했다. 〈뉴욕타임스〉에는 '60명의 형사가 도난당한 '모나리자'를 찾아 나서다 ; 프랑스 국민들 분노하다'라는 헤드라인이 실렸다. 며칠 후 박물관이 다시 문을 열었을 때 사람들은 그림이 걸려 있던 자리의 빈 벽을 보기 위해 몰려들었다.

'모나리자'의 행방은 2년이 넘게 알려지지 않았다. 마침내 도둑 중 한 명인 빈첸초 페루자가 작품의 감정 가격을 확인하기 위해 미술품 판매상에게 그림을 맡기면서 베니스에서 체포되었다. 도둑은 루브르 박물관에서 '모나리자'를 보호하기 위해 액자 위에 유리 틀을 제작하게 한 사람이었다. 그는 8개월의 징역형을 선고받았다.[57]

도둑들은 예술적 가치는 높지만 대중에게 거의 알려지지 않은, 그래서 재판매가 용이한 그림을 노린 것이다. 그림 도난 사건은 언론 주목을 받으면서 큰 파장을 일으켰고 '모나리자'는 하룻밤 사이에 루브르 박물관의 중심이 되었다. '모나리자' 도난 사건의 교훈은 스토리가 세상을 바꿀 수 있다는 점이다.

득보다 실이 큰 경제 뉴스

미디어의 헤드라인이 '모나리자' 사례와 같은 현상을 만들 수 있다면 자산 증식에 관심 있는 투자자의 뇌에 특정 헤드라인이 어떤 영향을 미칠지 상상해 보자. 거의 모든 투자자가 뉴스를 팔로우한다. 시장 상황을 미리 파악하고 앞으로 어떤 일이 일어날지 예측하기 위해서다. 하지만 투자의 관점에서 보면 신문을 펼치거나 TV를 켜는 일은 당신을 풍요롭게 하기보다는 빈곤에 빠뜨릴 가능성이 더높다. 최신 경제 동향을 잘 안다고 부자가 된다면 언론인들은 수백만 달러를 버는 부자가 되었을 것이다. 한 가지 비밀을 알려주겠다. 기자들은 대부분 백만장자가 아니다!

맞다. 경제 뉴스는 흥미롭고 다른 사람의 재산 증식에 관한 기사는 당신 삶에 영향을 미칠 수 있다. 하지만 보잉의 주문 실적이 예상보다 양호하다거나 넷플릭스가 지난 3개월 동안 EU 시장에서 500

만 명의 신규 가입자를 추가했다거나 애플이 중국 시장에서 발판을 마련하기 위해 고군분투하고 있다는 소식 등은 당신의 투자에 아무런 도움이 되지 않는다.

제일 큰소리치는 사람이 가장 많이 틀린다. 예를 들어 미국의 금융 뉴스 채널 CNBC의 스타 앵커인 짐 크레이머(Jim Cramer)는 20년 넘게 매일같이 시장과 경제 상황을 전하면서 어떤 주식을 사고팔아야 하는지를 추천한다. 월스트리트의 대명사처럼 보이는 그의 전문 지식과 인맥을 감안하면 그가 S&P 500 지수를 능가하는 성과를 거둘 것이라고 생각할 수 있다. 하지만 그는 시장을 이기지 못했다. 수년 전 발표된 연구에 따르면 짐 크레이머가 설정한 펀드는 지난 15년 동안 65퍼센트의 수익률을 기록한 반면, S&P 500 지수는 70퍼센트의 수익률을 기록했다.[58] 즉 크레이머가 쏟아부은 열정, 수천 건의 분석, 전문가들과의 수없이 많은 대화에도 불구하고 크레이머의 고객들은 단순히 미국 500대 기업을 추종하는 지수 ETF를 샀을 경우보다 부자가 될 수 없었다.

시장이 하락하면 언론은 곧바로 재난 모드로 전환한다. "월스트리트의 피바다", "암흑의 날", "자산을 보호하는 세 가지 투자 아이디어"와 같은 헤드라인이 쏟아진다. 작가이며 투자자인 조쉬 브라운(Josh Brown)은 25년에 가까운 투자 경력을 쌓으면서 수많은 시장 사이클을 겪었다. 그는 투자자에게 휴대폰에서 뉴스 앱의 알림을 전부 비활성화하라고 조언한다. "뉴스 앱은 휴대폰 홈 화면에서 사용자를 해당 앱으로 끌어들여 광고를 보게 하고 사용자의 행동을 예측할 수 있도록 설계되었습니다." "뉴스 앱의 문제는 뉴스가 아니라 사용자가 자신의 삶에서 멀어지고 그들의 덫으로 끌려가는 고리라는 점입니다. 알림 기능을 끄세요."[59]

투자 성과가 떨어질까 걱정하는 사람들이야말로 가장 먼저 휴대폰을 내려놓아야 할 사람들이라고 그는 덧붙인다. "뉴스 헤드라인을 보고 주식 거래를 해서 돈을 버는 투자자는 한 명도 없을 것입니다. 단 한 명도 없어요. 그렇게 될 수 없습니다. 오히려 확실하게 손해를 봅니다. 아직도 이 사실을 모르는 사람은 언젠가 자신의 결과를 되돌아보고 스스로를 망쳤다는 사실을 깨닫게 될 것입니다."[60]

내 생각에 가장 가증스러운 기사는 특정 회사의 주식이 왜 올랐는지 혹은 왜 내렸는지를 설명하는 기사다. 이러한 기사는 "금일 BOA(Bank of America) 주가 하락. 그 이유는 …." 또는 "넷플릭스 주가 폭락의 세 가지 이유"와 같은 제목을 단다. 이 같은 논조를 보면 기사를 쓴 기자가 마치 주가 하락을 이미 알고 있었으며 그 이유를 설명할 수 있는 것이 마치 신의 역할을 대행하는 것처럼 믿도록 만든다. 이런 기사는 당신에게 주가 하락을 예측할 수 있다는 인식을 갖게 한다. 사실 해당 기사를 쓰는 기자들 역시 본인 기사에서 다루는 주식이 어디로 튈지 전혀 모른다. 단지 투자자들의 클릭을 유도하기 위해 나중에 이유를 애써 찾을 뿐이다.

빗나간 예측이 당신에게 미치는 파장

뉴스 미디어가 가장 부정적인 영향을 줄 때는 예측을 할 때다. 시장 예측은 마치 공기처럼 인지하지 못하는 가운데 어디에나 존재한다. 어떤 전문가는 신문에 "시장이 너무 많이, 너무 빨리 상승했다"라며 하락에 대비한 투자를 제안하는 칼럼을 싣는다. 뉴스에 출연한 칼럼니스트는 특정 업종이나 기업이 뛰어난 실적을 낼 것이라며 그곳에 투자하라고 권유한다. 동의하지는 않겠지만 그 전문가들이 하는 일은 단순하다. 당신에게 미래에 어떤 일이 일어날지 알려주려는 것이다. 예측 혹은 전망이다. 만약 내가 가까운 미래에 시장이 어떻게 될지 안다면 TV에 나와 그런 이야기를 하는 데 시간을 낭비하지 않을 것이다. 예측에 따라 수익을 극대화하기 위해 내가 가진 모든 돈을 끌어모아 투자할 것이다.

벤저민 그레이엄은 시장을 예측하는 일이 점점 늘어나는 것은 미래를 읽는 특별한 재능을 가진 사람이 더 많아져서가 아니라 수백만 명의 투자자가 미래에 어떤 일이 벌어질지 알고 싶어 하는 열망에 불타고 있기 때문이라고 했다. "주식에 관심이 있는 거의 모든 사람이 다른 사람은 시장을 어떻게 보고 있는지 듣고 싶어 합니다"라고 그의 책에 썼다. "수요가 있으면 공급도 있다."[61]

당시 전문가들의 예측에 그레이엄은 그다지 큰 인상을 받지 못했다. 그러나 그건 수십 년 전의 일이다. 그 이후 시장 예측 기법이 발전되었을 것이라고 생각할 수 있다. 현재 사용할 수 있는 기술과 데이터를 감안하면 예측 모델이 과거보다 더 정교해졌을 것이다. 하지만 불행하게도 미래는 그 어느 때보다 불투명하다.

예를 들어 뱅가드는 수년 전에 내놓은 시장 분석 보고서에 "앞으로 몇 년간 시장은 소폭 상승에 그칠 것으로 예상된다. 향후 5년 동안에 주목할 만한 시장 수익률은 기대하기 어렵다"라고 했다.[62] 이 예측이 나온 후 3년 동안 S&P 500 지수는 70퍼센트 이상 상승했다. 이런!

같은 시기에 영국의 거대 금융 회사 바클레이즈(Barclays)는 향후 12개월 동안 S&P 500 지수가 7퍼센트 상승할 것으로 예측했다. 실제로 같은 기간 S&P 500 지수는 21퍼센트 상승했다. 이런!

몇 년 전 비즈니스 칼럼니스트 조 치들리(Joe Chidley)는 본인이 비용을 부담해서 토론토의 〈내셔널 포스트National Post〉에 주식 시장을 예측하는 일이 얼마나 위험한지를 설명하는 칼럼을 게재했다. 치들리는 "현명한 투자자는 무슨 일이 일어날지 예측할 것이 아니라 다각적이고 합리적인 자산 배분과 인내심을 통해 어떤 일이 일어나더라도 이에 대비할 수 있어야 합니다"라고 썼다.[63] 그 주장에 동의할 수밖에 없다. 하지만 안타깝게도 칼럼니스트의 이야기는 여기서 멈추지 않았다. "하지만 현실에서 투자자들은 그렇게 행동하지 않습니다. 모든 투자 결정에는 본능과 직감, 궁극적으로는 베팅이라는 요소가 여전히 존재한다는 사실을 인정해야 합니다." 치들리는 이어서 자신의 주장이 맞다는 보장은 없다는 점을 전제하면서도 미국의 주식 시장이 너무나 빨리, 너무나 많이 올랐다는 '직감'을 독자에게 전했다. 앞으로 몇 년 동안 길고 고통스러운 시장 침체가 기다리고 있을 거라며 치들리는 월스트리트와는 달리 토론토 증권 거래소는 내년에 투자하기 좋을 것이라는 말로 글을 마무리했다.

3년 후 미국의 주식 시장은 100퍼센트 상승하여 S&P 500 지수가 두 배로 올랐다. 반면에 칼럼이 게재된 후 12개월 동안 캐나다 주식 시장의 상승률은 미국 시장 상승률의 3분의 1에 그쳤다. 이런!

이처럼 빗나간 예측은 셀 수 없이 많다. 미국의 투자 리서치 회사인 CXO 자문 그룹(CXO Advisory Group)은 미국 주요 신문의 경제면에 인용된 68명의 전문가가 과거 8년간 주식 시장을 전망한 6,584건의 예측 자료를 분석했다. 분석 결과, 전문가들의 예측이 맞을 확률은 동전 던지기 확률보다 낮은 47퍼센트에 불과했다.[64]

> 적은 돈이든 많은 돈이든 투자자는 저비용 인덱스 펀드에 투자해야 한다.
>
> - 워런 버핏

빗나간 예측을 단순한 웃음거리로 치부할 수 있다. 하지만 보다 심각한 일은 이러한 예측이 당신의 행동에 알게 모르게 영향을 미칠 수 있다는 점이다. 예측 자료를 읽다 보면 전문가의 의견을 반영해 포트폴리오를 변경하고 싶은 유혹을 받는다. 어쨌든 고학력에 고액 연봉을 받는 사람들이 아닌가? 그들의 말은 권위를 가진다. 그들은 자신이 무슨 소리를 하는지 알 것이다!

역사는 그렇지 않다는 것을 가르쳐 준다. 작가이며 투자자인 앤드류 할램은 한 인터뷰에서 30년 이상 주식 시장에서 성공할 수 있었던 여러 비결 가운데 하나는 금융 전문가의 경고, 경제학자의 분석, 시장을 움직일 만한 중요한 사건에 주의를 기울이지 않았기 때문이라고 했다. "시장을 무시하는 법을 배우는 것이 비결입니다"라고 할램은 말한다. "단기적으로 주식 시장은 마약과 같습니다. 절대로 그것에 영향을 받지 말아야 합니다. 대부분의 기업은 시간이 지나면서 수익이 증가하는데 그 점을 기억해야 합니다. 중요한 점은 투자의 체계적인 측면입니다. 좋은 투자자가 되기 위해서는 혹독한 자기 훈련이 필요합니다."

〈포브스〉의 창립자인 스티브 포브스(Steve Forbes)는 금융 전문가도 자신들이 단기적으로 시장의 방향을 예측하는 일이 불가능하다는 점을 알고 있다고 말했다. 다만 그것이 그들의 직업이기 때문에 계속해서 예측한다는 것이다. 포브스가 이렇게 말한 바 있다. "우리 업계는 조언에 따르기보다는 조언을 팔아서 더 많은 돈을 벌 수 있습니다. 이런 방식과 독자들의 건망증이 우리 잡지 사업을 지탱하고 있습니다."[65]

투표 방식의 투자

경제 위기가 한창이던 2011년, 여론 조사 기관인 갤럽(Gallup)에서 미국인 성인 1,000명에게 향후 몇 년 동안 가장 높은 수익을 올릴 투자가 무엇일지 물었다. 응답자들은 금(34%), 부동산(19%), 주식(17%)의 순서로 대답했다. 10년 후의 결과는 다음과 같다. 갤럽의 인터뷰에 응한 대부분의 응답자가 투자자로서는 끔찍했다. 설문 조사 당시 금에 투자한 1만 달러의 가치는 10년 후 1만 300달러에 불과했다. 부동산에 투자한 1만 달러는 2만 3,000달러를 조금 넘겼다. 반면에 주식에 투자한 1만 달러는 3만 8,600달러의 가치가 되었다.

대중에게 인기 없는 투자일수록 수익률이 더 높은 것으로 나타났다. 돌이켜 보면 응답자의 선택은 시장의 미래를 보았다기보다는 당대의 우려를 더 잘 드러낸 것이었다. 설문 조사가 실시될 당시 미국 경제는 침체기에 들어서기 직전이었다. 주식 시장은 수년간의 암흑기를 겪은 지 얼마 되지 않았다. 지금은 주식이 엄청난 잠재력을 가지고 있다는 것을 알고 있지만 당시 사람들은 주식 이야기를 듣고 싶어 하지 않았다. 사랑받지 못하는 투자는 앞으로도 사랑받지 못하고, 인기 있는 투자는 계속 인기가 있을 것이라고 믿는 게 인간의 본능이다. 그러나 시장은 논리적인 것이나 정상적인 것 혹은 명백해 보이는 것에는 관심 없다.

위기의 순간에도 투자를 멈추지 말라

워런 버핏은 전쟁이나 팬데믹과 같이 한 시대를 지배하는 재앙 수준의 사건이 일어나더라도 투자를 중단해서는 안 된다고 말한 적이 있다. 버핏은 주주에게 보낸 편지에서 일본이 진주만을 공격한 지 3개월 후인 1942년 3월 11일, 11세 나이에 첫 주식을 매입한 이야기를 들려주었다.

1942년 당시 뉴스는 그리 안심할 수 있는 상황이 아니었다. 미국은 이제 막 연합국 일원으로 참전했고 전쟁은 생각대로 전개되지 않았다. 버핏이 첫 주식을 매입하기 사흘 전 〈뉴욕타임스〉는 "일본군, 반둥 라인을 강타하다"라는 헤드라인을 달았다. 다음 날 신문은 "일본군, 뉴기니 두 개 지점 침공, 양곤 점령, 버마 서쪽으로 밀고 나감"이라고 보도했다. 그다음 날의 헤드라인은 "적군, 호주로 향하는 길을 닦다 ; 자바에서 9만 8,000명의 아군 철수"였다. 마침 뉴욕 증시가 폭락하면서 대공황 이후의 상승분을 모두 날려 버렸다. 2차 세계대전 중에 서둘러 시장에 뛰어든 버핏은 그럼에도 불구하고 평생 경이로운 수익을 누렸다. 그가 당시의 전황에 겁을 먹었다면 투자를 하지 않았을 것이다.

어떤 사람들은 전례 없는 불확실성의 시대에 살고 있다고 말한다. 각국의 부채 문제가 경제 성장 전망을 더욱 불안하게 만든다고도 말한다. 엄청난 경기 침체나 거대한 정치적 위기가 곧 닥칠 것이라고 말하기도 한다. 그러면 나는 단 한 번도 확실했던 시대는 없었다고 대답할 것이다. 폭력 사건은 항상 세계 평화를 위협했다. 경기 침체와 불황의 위험도 언제나 우리 곁에 있었다.

다음은 지난 10년간 발생한 몇 가지 부정적인 사건의 목록이다.

· 러시아가 우크라이나를 침공하여 수천 명이 사망했다.
· 워싱턴 D.C.의 국회 의사당에서 치명적인 폭동이 발생했다.
· 코로나19 팬데믹으로 수백만 명이 사망하고 주식 시장의 폭락과 글로벌 경기 침체가 발생했다.
· 이란의 지원을 받는 반군이 사우디아라비아의 정유 시설을 공격했다.
· 미국이 중국에 무역 전쟁을 선포했다.
· 북한이 6차 핵 실험을 실시했다.
· 러시아가 미국 대통령 선거에 불법적으로 개입했고 모두의 예상과 달리 도널드 트럼프가 당선되었다.
· 유럽 연합은 그리스의 거듭된 경제 지원 요청을 거부했다.
· 유럽 중앙은행이 마이너스 금리를 채택했다.
· 보스턴 마라톤 대회에서 발생한 테러 공격으로 3명이 사망하고 280명이 부상을 입었다.

나는 목록을 읽는 것만으로도 긴장된다. 그렇지만 신문의 1면과 모든 대화를 지배하는 재난이 투자자들을 겁먹게 했을까? 아니다. 비참하고 극적인 사건이 발생했음에도 불구하고 미국 주식에 투자한 1만 달러는 지난 10년 동안 3만 4,000달러 이상으로 성장하여 연간 13퍼센트 이상의 수익률을 기록했다. 위기와 비극, 불확실성은 어느 시기에나 존재한다. 그렇다고 해서 투자를 중단해서는 안 된다. 투자 관점에서 볼 때 나는 이와 같은 두려움이 장기 투자와 양립할 수 없는 것은 아니라고 믿는다. 과거보다 수익률이 낮아질 수는 있겠지만 미래에 당신에게 주어질 수익률과 함께 사는 법을 배울 수 있다.

기후 위기 시대의 투자

지구 온난화는 전례가 없는 새로운 문제이며 일부 투자자는 이러한 위협 때문에 향후 수익률이 실망스러울 거라고 걱정한다. 향후 수십 년 동안 전개될 지구 온난화의 위험에 관해 여러 가지 시나리오가 제시되고 있지만 인류가 이러한 위험에 어떻게 대응할지는 불분명하다.

영국에 본사를 둔 국제 자산 관리 그룹 슈로더(Schroders)는 향후 30년 간에 걸쳐 기온 상승과 기상 이변이 금융 시장에 어떤 영향을 미칠지에 대한 연구를 수행했다. 분석에 따르면 경제적으로 가장 큰 영향을 받는 국가는 인도, 싱가포르, 호주로 온난화의 영향이 없을 때보다 시장 수익률이 낮아질 가능성이 높다고 보았다.

다른 국가에서는 반대 효과를 볼 수도 있다. 예를 들어 캐나다, 영국,

스위스는 지구 온난화가 발생하지 않았을 때보다 생산성이 증가하고 주식 시장의 수익률이 더 높아질 것으로 예상했다. 연구에 참여한 크레이그 보탐(Craig Botham)과 아이린 라우로(Irene Lauro)는 "향후 30년 동안에는 이들 국가에 긍정적인 효과가 있겠지만 기온이 계속 오르면 경제적 손실이 광범위한 지역으로 확대될 것"이라고 설명했다. "이번 분석은 여러 분야에서 예상되는 지구 온난화의 부작용은 다루지 않았고 단순히 경제적 영향과 시장 수익률에 초점을 맞추었습니다. 아무 일도 안 하고 기후 변화를 기다리자는 주장은 아닙니다."[66]

다국적 보험사인 스위스 재보험(Swiss Re)이 실시한 또 다른 연구에 따르면 남아시아와 동남아시아의 경제는 기후 변화의 영향에 특히 취약한 반면에 북반구 선진국의 경제는 덜 취약한 것으로 나타났다.[67] 최악의 시나리오가 상정하는 기온 상승이 발생한다면 금세기 중반까지 세계 경제 규모는 지구 온난화가 발생하지 않을 경우와 비교하여 18% 줄어들 것으로 예상했다.[68] 물론 UN이 전망하는 인구 증가 추이에 따르면 현재 79억 명인 세계 인구가 2050년에는 98억 명으로 늘어나기 때문에 2050년 세계 경제 규모는 현재보다는 더 커질 것이다. 나는 기후 변화가 지구에 미칠 영향에 대해 관심을 가지고 최선을 다해 맞서 싸워야 한다고 믿는다. 그래서 포트폴리오에서 환경오염 기업을 제외하는 일이 그 어느 때보다 쉬워졌다.

서구 경제의 쇠퇴는 현실화될까?

일부 비평가들은 서구의 전성기가 이미 지나갔다고 주장한다. 20세기에 성취한 성장을 21세기에는 지속할 수 없다는 이야기다. 앞으로 몇 년 안에 중국이 세계를 지배할 것이라는 주장도 있다. 이 같은 견해의 문제는 서구 경제가 쇠퇴할 것이라는 전망이 한 세기가 넘도록 해마다 제기되었다는 점이다. 1918년 독일의 지식인 오스발트 슈펭글러(Oswald Spengler)는 『서구의 몰락 *The Decline of the West*』이라는 제목의 베스트셀러를 출간했다. 이 책의 주장을 근거로 투자 결정을 했다면 아마도 성공하지 못했을 것이다.

금융 작가이며 투자자인 모건 하우절과도 이 주제에 관해 논의할 기회가 있었다. 그는 중국이 21세기 내내 지속적으로 성장할 것이라는 점에는 동의했다. 하지만 그렇다고 해서 서구가 침체를 겪는다는 의미는 아니라고 했다. "대학을 졸업하는 학생들에게 미국과 중국 중 어디에서 살고 싶은지 물어보면 99퍼센트가 미국을 선택할 것입니다." "언어 장벽 때문이 아닙니다. 물가를 감안한 구매력 기준에서 보더라도 미국인은 여전히 중국인보다 5배 이상 부유합니다."[69]

중국은 이미 생산 연령 인구가 줄어들고 있는 반면 미국에서는 생산 연령 인구가 증가하고 있다. 하우절은 서구의 경제 성장이 상대적으로 느리긴 하더라도 혁신 측면에서는 여전히 앞서 있다고 말한다. "애플 제품에는 '캘리포니아에서 설계, 중국에서 조립'이라고 적혀 있습니다. 학생들에게 이 두 가지 제조 단계 가운데 하나를 자신의 커리어로 선택하도록 해 봅시다. 당신은 이미 답을 알고 있을 것입니다."[70]

국부와 국민의 생활수준을 높이기 위해 국가는 어떤 대가를 치르더라도 정치적, 경제적 영향력을 키워야 한다고 믿는 사람들은 영국을 살펴볼 필요가 있다. 수 세기 동안 세계를 지배하며 정치, 경제, 군사 강국이었던 대영 제국은 이제 역사책에만 존재할 뿐이다. 하지만 1984년 영국의 우량 기업에 1만 달러를 투자하고 이후에 배당금까지 재투자했다면 2020년에는 거의 19만 달러로 늘어났다.

특별 보도의 편향성

연구에 따르면 부정적인 뉴스는 긍정적인 뉴스보다 사람들에게 더 큰 영향을 미치며 부정적인 뉴스를 들으면 심박수가 증가한다고 한다. 부정적인 뉴스에 더 많은 관심을 기울이는 인간의 성향은 특히 금융 시장에서 눈에 띈다. 모두가 알고 있듯이 주식 시장이 큰 폭으로 하락한 날에는 뉴스에서 특별 보도를 쏟아낸다. 시장 전문가들이 걱정스러운 표정으로 '주식 시장의 패닉'을 다룬다. 그들은 위기에 빠진 시장의 '최대 희생자'로 은퇴자를 언급한다. 또 금융 시장의 경색이 실물 경제로 '전염'되지 않을까, '경기 침체가 바로 문 앞에 와 있는 것은 아닌지' 우려한다.

하지만 반대로 시장이 큰 폭으로 상승할 때 특별 보도가 나오는 것을 본 적이 있는가? 하락장을 전망하던 전문가들에게 주식 시장이 왜 상승하는지를 묻는 모습을 본 적이 있는가? 주식 시장의 패닉은 숨 가쁘게 다루면서 시장의 랠리를 무시하는 언론의 행태는 대중에게 주식 시장이 위험하고 조심해야 할 곳이라는 인상만 준다. 그렇기 때문에 주식 투자자가 많지 않고 더구나 제대로 투자하는 사람이 적은 것은 아닐까?

주식 시장의 폭락은 투자의 세계에서 내가 가장 좋아하는 주제다. 나는 언제나 이 이야기에 매료된다. 투자한 자산의 가치가 급락하고 처남이 모든 주식을 팔았다는 문자를 보낼 때 어떻게 냉정함을 유지할까? 다음 장에서 그 방법을 살펴보자.

제 7 장

주식 시장의 조정이
주는 기쁨

10년마다 한 번씩은 온 세상이 무너져 내리길 바라는
장기적인 낙관주의자가 되자.

- 모건 하우절(Morgan Housel)_금융 전문 작가

폭락은 반등의 기대를 가져온다

1752년 5월 10일 오후 천둥 번개가 치던 날, 파리 북부에 위치한 말리라빌에서는 놀라운 실험이 진행되었다. 약 12미터 높이로 설치한 금속 막대에 구름 속의 전기를 끌어당겨 번개가 내려치게 만든 것이다. 이 실험은 세상을 놀라게 했다. 실험을 주도한 토마스 프랑수아 달리바르(Thomas-François Dalibard)는 번개가 전기적 현상이라는 벤저민 프랭클린의 가설을 입증하고 피뢰침의 탄생을 예고했다.

인간은 수천 년 동안 번개가 신의 분노를 나타내는 초자연적 현상이라고 믿었다. 그리스인과 로마인은 신의 분노를 달래기 위해 번개가 치는 곳에 신전을 세웠다. 이후 유럽의 도시와 마을에서는 폭풍이 다가오면 종을 울려 번개의 위협을 쫓아내려 했다. 1700년대 중반 독일에서는 35년 동안 386개의 교회가 번개를 맞았고 100명 이상의 종지기가 목숨을 잃었다. 이탈리아 북부에서는 1769년 산 나자로 성당에 번개가 치면서 베니스 공화국이 지하에 보관하고 있던 수천 파운드의 화약이 폭발하여 3,000여 명이 사망했다.[71]

프랭클린과 달리바르 덕분에 배와 건물에 피뢰침이 설치되었고 폭풍우 속에서도 탑승자와 거주자의 안전을 보장하게 되었다. 프랭클린은 배터리라는 이름을 붙인 최초의 전기 배터리도 발명하여 전기가 인간의 삶을 개선하는 시대를 열었다.

투자자들이 가장 무서워하는 주식 시장의 폭락을 이해하는 데 번개 이야기는 아주 좋은 사례다. 주식 시장의 폭락은 번개와 마찬가지로 아주 이성적인 사람도 마비시킨다. 하지만 대부분 시장의 폭락은 번개를 통해 전기를 찾아낸 것처럼 축하해야 할 일이다. 너무나 단순한 교훈이지만 받아들이기는 쉽지 않다.

당황하지 않고 투자하는 법

수년 전 근무하던 신문사 라 프레스(La Presse)가 비영리 단체로 전환되었을 때 나는 그와 비슷한 경험을 했다. 나와 동료들은 우리의 퇴직 연금을 그동안 관리해주던 다국적 투자 회사에 계속 맡길 것인지, 직접 관리할 것인지 선택해야 했다. 거의 모든 직원이 첫 번째 옵션을 선택했다.

나는 내 연금을 인출하기로 했다. 내 계산으로는 그만그만한 수익률만 기록해도 다국적 투자 회사보다는 더 높은 수익과 유연성을 확보할 수 있겠다고 생각했다. 동료 가운데 한 명도 나와 같은 옵션을 선택했다. 그는 본인이 직접 투자를 하고 싶어 하지는 않았기 때문에 투자금을 재무 설계사에게 맡겼다. 그리고 매일같이 계좌의 잔고를 따지기 시작했는데 내가 좋아하는 방식은 아니다.

공교롭게도 이 모든 일이 주식 시장이 하락하는 시기에 벌어졌다. 전 세계 증시가 하루가 다르게 폭락하고 있었다. 크리스마스 파티에서 1980년대 히트곡이 댄스 플로어에 흘러나오는 동안 동료가 어깨를 두드렸다. "벌써 1만 5,000달러를 잃었어요!" 하고 속삭였다. 자신의 선택을 후회하는 것 같았다.

며칠 후 동료가 사무실로 나를 찾아왔다. 몇 달 사이에 주식 시장이 20퍼센트나 하락했다. "조언이 필요해요." "저의 재무 설계사는 시장이 앞으로도 계속 하락할 거라고 생각해요. 어떻게 생각하세요?" 나 역시 난처함에 두 팔을 들었다. "모르겠어요! 시장은 앞으로 20퍼센트 더 하락할 수도 있고 내일 아침부터 다시 오르기 시작할 수도 있어요. 누구도 수정 구슬을 가지고 있지 않아요. 최선의 방법은 아무 일도 하지 않는 겁니다." 시장은 하락을 멈췄다. 그 후 1년 동안 주가는 거의 32퍼센트나 반등했다. 동료는 다시 웃고 있었다. 그리고 그가 첫 번째 시험을 통과했다는 소식을 전하게 되어 나도 기쁘다. 그는 주식을 매각하지 않았다.

많은 사람들이 시장이 폭락해도 당황하지 않고 잘 대처할 수 있을 거라 생각한다. 하지만 당황하는 감정이 휴대폰 화면에 표시되는 것은 아니다. 마음속으로 몇 달 혹은 몇 년치 월급을 잃었다고 계산할 때 직감적으로 느끼는 것이다. 사람에 따라 다르다. 어떤 사람들은 시장이 폭락해도 전혀 반응하지 않는다. 또 다른 사람들은 평정심을 유지하는 데 어려움을 겪는다.

주요 금융 기관은 이 점을 이해하고 변동성이 큰 시장을 두려워하는 고객의 불안감을 누그러뜨리기 위해 다양한 투자 상품을 연계하는 보상형 투자를 알선한다. '더 안전한' 투자 상품은 수익성과 동시에 주식 시장 폭락에도 투자금이 사라지지 않을 것이라는 확신을 제공해야 한다. 하지만 이 같은 투자 상품에는 숨겨진 제약 조건과 수수료가 가득하며 대체로 이를 판매하는 기관에 높은 수익을 가져다준다. 이 같은 금융 상품이 고객에게 제시하는 마케팅 포인트는 주식 시장의 폭락은 나쁘고 어떤 대가를 치르더라도 피해야 한다는 점이다.

오랫동안 나는 이에 동의했다. 예전에는 포트폴리오의 가치 하락을 보는 것이 괴로웠지만 지금은 180도로 생각을 바꾸었다. 투자 자산의 가치가 오를지 내릴지보다는 내일 날씨가 어떨지가 더 궁금하다. 시장의 침체기를 어떻게 대응할지에 대해 배우는 일은 정말 중요하다. 주식 시장의 변동성에 익숙해지지 않으면 제대로 된 투자를 할 수 없다.

흔하고 피할 수 없지만 필요한 일

2020년 코로나19 팬데믹으로 시장이 폭락하는 동안 내 계좌의 투자 자산은 전례 없던 수준까지 쪼그라들어 몇 주 만에 몇 년 동안의 월급에 해당하는 구멍이 생겼다. 하지만 주식을 팔아야겠다는 생각을 하거나 잠을 못 자는 일은 없었다. 다행히 나에게 자학 증세는 없는 것 같다. 어떻게 그럴 수 있을까? 시장의 폭락은 흔한 일이고 피할 수 없으며 반드시 필요하다는 점을 배웠기 때문이다.

> 인간은 가만히 있지 못한다. 인간은 항상 초조해하고 항상 불만족스러워하고 항상 발전하고자 노력하고 언제나 미래를 예측하려고 한다.
>
> - 조너선 클레먼츠

예를 들어 1920년대 이후의 모든 데이터를 완벽하게 갖춘 S&P 500 지수는 평균적으로 일 년에 세 차례 5퍼센트 정도 하락했다.[72]

더 큰 폭의 하락도 자주 있다. 지난 100년 동안 약 16개월마다 10퍼센트 정도의 하락이 발생했다. 20퍼센트 하락은 어떨까? 지난 세기 동안 평균 7년마다 한 번씩 발생했다. 1950년대 이후 S&P 500 지수가 50퍼센트가량 하락한 적이 세 번 있었는데 22년에 한 번꼴이다.

'주식 시장의 변동성'은 잘 알려져 있고 너무 흔해서 더 이상 놀랄 일도 아니다. 그럼에도 불구하고 매번 사람들은 놀란다! 하락 기간은 보통 단기간에 그친다. 예를 들어 제2차 세계대전 이후 20퍼센트 이내의 주가 조정이 멈추고 하락 이전 수준으로 회복하는 데 평균 4개월이 걸렸다.[73] 또한 1974년 이후 S&P 500 지수를 보면 "10퍼센트 이상의 조정이 있고 한 달 뒤에는 평균 8퍼센트 이상, 일년 뒤에는 24퍼센트 이상 상승했다"라는 연구 결과도 있다.[74]

심지어 금융계의 격변을 가져온 1929년의 증시 대폭락도 원상으로 회복하는 데는 10년이 채 걸리지 않았다. 1929년 고점에 뉴욕증권거래소에 투자한 불운한 투자자도 시장이 바닥을 치고 4년 6개월이 지난 1936년에는 원금을 모두 회수했을 것이다. 이는 대공황 기간 중에도 기업들이 배당금을 계속 지급했기 때문에 가능했다.

장기적으로 자산을 늘리기 위한 대가

시장의 조정이 고통스러운 이유는 그것이 마치 잘못을 저질러 엄한 선생님에게 손바닥을 맞는 처벌처럼 느껴지기 때문이다. 시장의 조정은 벌이 아니다. 조정은 시장에 진입할 기회다.

모건 하우절은 "시장에서 얻는 수익은 결코 공짜가 아니며 앞으로도 그럴 것"이라고 말한다. 하우절은 『돈의 심리학The Psychology of Money』에서 시장의 조정은 시스템에 발생하는 버그가 아니라고 지적한다. 투자 가치가 하락할 수 있다는 사실을 받아들이는 일은 장기적으로 자산을 늘리기 위해 지불해야 하는 대가다. 조정이 없으면 위험도 없다. 위험이 없으면 수익도 없다.

하지만 인간은 고통 없는 보상을 추구한다. 그 결과 투자자들은 "대가를 치르지 않고 수익을 얻기 위해 계략과 전략을 세웁니다. 그들은 매매를 반복합니다. 다음 침체장이 오기 전에 팔고 다음의 활황장이 오기 전에 사려고 합니다. 논리적으로 보이긴 합니다. 그러나 돈의 신은 대가를 지불하지 않으면서 보상을 추구하는 사람들을 축복하지 않습니다."[75]

마크-앙드레 투르코는 성공한 투자자들에게는 한 가지 공통점이 있다는 사실을 발견했다. 그들은 주변 사람들 대부분이 공포에 빠져 있을 때도 주저하지 않고 자금을 투자한다는 것이다. 투르코는 부유하고 사회적으로 성공한 기업가나 부동산 부자들에게서도 유사점을 발견했다. "이들은 매일 아침에 일어나 자신의 사업 가치가 얼마인지, 건물 가치가 얼마인지 따져 보지 않습니다." "그들은 수익과 매출을 살펴봅니다. 하루하루 그런 식으로 가치를 창출합니다.

장기적으로 생각하지요. 회사 주식이 시장에서 거래된다고 해서 다를 이유가 있을까요? 주식 시장에서는 매분, 매초마다 가격이 변하는 것을 볼 수 있지만 건물과 사업의 가치가 매일 변하는 것은 아니기 때문에 기분에 영향을 줄 일이 아니라는 겁니다."

경험은 아주 중요하다. 주식 시장의 변동성을 제일 힘들어하는 투자자는 인생 후반에 투자를 시작하거나 상속이나 사업 매각 자금과 같은 거액을 투자하는 사람일 경우가 많다고 투르코는 지적한다. "그들은 상당한 액수의 자금을 한꺼번에 투자합니다. 시장의 기복에 익숙해질 시간도 없이 시작하기 때문에 갑작스러운 변동에 당황합니다. 그래서 저는 제 일의 80퍼센트가 고객의 심리를 관리하는 것이라고 생각합니다. 숫자의 중요성은 20퍼센트에 불과합니다."

당신의 목표는 투자에 성공하는 것이다. 포트폴리오는 그대로 놔두자. 투자 가치는 오를 수도 내릴 수도 있다. 그것 때문에 머리카락을 쥐어뜯을 필요는 없다! 물론 이 같은 조언은 수수료가 낮은 인덱스 펀드 또는 ETF를 보유한 투자자에게만 적용된다. 인덱스나 ETF 펀드는 수천 개는 아니더라도 수백 개 기업의 주식을 포함한다. 역사적으로 시장은 항상 상승할 방법을 찾았다. 반면에 개별 기업의 주식은 회복하지 못하고 주식 가치가 0에 도달할 수도 있다. 그렇기 때문에 개별 종목을 매수하면 전체 시장을 매수하는 것보다 더 위험하다.

너무 고점이라는 인식의 함정

시장의 조정에 대한 두려움 외에도 투자하기에 너무 높은 시점이 아닐까 하는 두려움도 있다. 시장이 사상 최고치를 기록해 투자하기가 망설여질 때 이 같은 두려움에 사로잡힌다. "작년 한 해 동안 시장이 31퍼센트나 올랐어. 지금은 투자할 때가 아니야, 너무 비싸!"라고 말할 수 있다.

어떤 이들은 TV나 골프채를 싸게 사려고 세일을 기다리듯이 시장이 침체되기를 기다렸다 투자에 나서기도 한다. 나도 다른 사람들과 마찬가지로 일상용품에 제값을 지불하는 것을 좋아하지 않기 때문에 이러한 충동을 이해할 수 있다. 하지만 이 같은 전략이 골프채를 새로 살 때는 효과적일지 몰라도 투자에는 적용되지 않는다. 이 전략을 투자에 적용하면 당신은 더 가난해진다. 주식 시장에서 최고가 경신은 예외적인 일이 아니라 일반적인 현상이다. 시장이 강세를 보이거나 최고점에 도달했다고 해서 투자를 미루면 아주 오랫동안 투자를 미루어야 할 수도 있다!

금융 전문 작가인 벤 칼슨(Ben Carlson)은 1928년 이후 S&P 500 지수가 평균적으로 영업일 기준 매번 20일에 한 번씩은 사상 최고치를 기록했다고 한다.[76] 그의 분석에 따르면 1926년부터 2019년까지 S&P 500 지수는 평균 4년 가운데 3년가량 상승했다. 강세장이 끝난 다음 해는 어땠을까? 마찬가지로 4년 가운데 3년을 상승했다.[77] 10퍼센트 이상 상승한 해 이후에는? 이 정도 상승세를 보인 다음 해에도 S&P 500 지수는 4년 가운데 거의 3년을 상승했다.

그렇다면 12개월 동안 50퍼센트나 되는 엄청난 상승세를 보인 다음 해는 어떨까? 이 정도 상승세를 보였으니 당연히 조정을 받을 만하지 않을까? 그렇지 않다. 한 해 동안 50퍼센트라는 기록적인 수익률을 기록한 직후, 그다음 해 수익률은 평균 마이너스 1.5퍼센트이긴 했다. 하지만 그로부터 3년간의 시장 수익률은 평균 42퍼센트, 5년간의 수익률은 평균 66퍼센트였다. 이 수익률은 배당금을 포함하지 않은 숫자다. "지난 한 해 동안의 성과를 바탕으로 주식 시장의 미래 경로를 예측하는 일은 생각보다 훨씬 어렵습니다"라고 칼슨은 결론지었다.[78]

이를 다르게 설명하자면 동전을 반복해서 던져 그 결과를 종이에 적는다고 생각해 보자. 뒷면이 여러 번 연속으로 나올 수 있다. 앞면이 나왔다고 해서 다음 시도에 반드시 뒷면이 나와야 한다는 의미는 아니다. 한 번의 결과가 다음 결과에 영향을 주지 않는다. 동전 던지기의 경우에는 앞면이 나올 확률이 50퍼센트, 뒷면이 나올 확률도 50퍼센트다. 하지만 앞서 언급했듯이 북미의 주식 시장은 10년 중 거의 7년 동안 상승했기 때문에 역사적으로 볼 때 투자자에게 유리하다.

직관과는 다르지만 이 교훈은 최고치를 찍은 시장이라고 해서 투자를 포기하면 안 된다는 점을 보여준다. 하락을 예상할 수는 있지만 사실상 그 시기와 하락 폭을 항상 맞추는 일은 불가능하다.

529 플랜 : 투자 세계의 전기 자전거

주변 학부모들에게 529 플랜이라고도 불리는 자녀 학자금 저축 계좌에 불입하고 있는지 물어보면 엇갈린 대답을 듣는다. 어떤 부모는 불입하고 어떤 부모는 불입하지 않으며 어떤 부모는 배우자가 알아서 하고 있기 때문에 잘 모르겠다고 답한다. 하지만 잘 모르겠다는 사람들도 최신 아이폰의 기술적인 세부 사항이나 방금 개조한 주방에 관해서는 몇 시간이고 이야기를 나눈다.

개인적으로 나는 529 플랜을 투자 세계의 전기 자전거라고 생각하는데 그 이유는 해당 계좌의 자금을 등록금, 책값, 하숙비 등 미국 연방정부가 법에서 인정하는 고등 교육에 소요되는 비용으로 사용하는 경우 면세 혜택을 줌으로써 529 플랜의 활성화를 돕고 있기 때문이다. 529 플랜에 불입하는 돈은 세후 소득이지만 대부분의 주에서 부모가 불입한 금액에 대해 주 정부 세금을 공제해 준다. 529 플랜의 적립 한도는 없지만 적립금은 증여로 간주되므로 면세가 되는 최대 적립 금액은 개인의 증여세 면세점인 1만 6,000달러다. 대학 등록금은 부담스럽지만 미리 계획을 세우고 정부가 제공하는 비과세 혜택을 활용하면 조금 수월하게 감당할 수 있다.

겁 많은 투자자를 위한 조언

투자자라면 누구나 시장이 급락한 후 침체기에 머무르는 시기에 투자하는 것을 꿈꾼다. 현실은 좀 더 복잡하다. 주가가 하락하는 모습을 차트로 보면 낮은 가격에 주식을 매수할 수 있는 기회라고 생각한다. 하지만 실제로 자신이 보유한 주식이 하락하면 그런 생각은 사라진다. 과거의 주가 하락은 이후에 어떻게 움직였는지 알기 때문에 안심이 된다. 그러나 현재 일어나고 있는 주가 하락은 공포스럽기 때문에 안심하기 어렵다. 마치 손전등 없이 어두운 동굴로 들어가는 것과 같다. 어둠 속에 무엇이 숨어 있을까? 아무도 모른다. 최선을 다해 헤쳐 나갈 수밖에 없다.

시장의 조정 장세는 몇 주 혹은 몇 달에 걸쳐 이루어진다. 조정은 두려움을 불러일으키고 당신의 두뇌를 약화시키며 모든 것을 의심하게 만든다. 이런 상황에서 금융 자산을 매수하는 일은 종종 최후의 선택이다. 하지만 매수하자마자 순식간에 가격이 떨어질 가능성이 높다. 투자한 지 얼마 되지도 않아 가격이 떨어지는 것을 지켜보는 일은 마치 촛불 위에 월급을 올려놓고 있는 느낌이다. 그다지 유쾌하지 않은 것은 분명하다. 이 같은 상황에 익숙해지는 데 나는 거의 10년이 걸렸다.

장기적으로 보면 시장은 항상 새로운 최고치에 도달할 방법을 찾아냈다. 두려움은 단기 수익에 대한 욕구보다 훨씬 더 강력한 감정이다. 이런 순간에 냉정함을 유지하는 것은 일생일대의 도전이다. 이 시기에 투자자로서 당신의 능력이 시험대에 오른다.

작가이자 재무 설계사인 가스 터너(Garth Turner)는 이 같은 감정을 다음과 같이 요약했다. "저는 35년 동안 같은 영화를 반복해서 보았습니다. 시장은 일반적으로 상승합니다. 시장의 조정은 예외입니다. 경제는 위축되는 시기보다 훨씬 더 자주 그리고 크게 확장됩니다. 위기는 급격하고 짧습니다. 경기 침체는 드물고 항상 짧게 끝납니다." 터너는 균형 잡힌 포트폴리오를 보유한 투자자는 주식 시장이 폭락할 때 자주 등장하는 공포 마케팅의 유혹에 현혹되지 말아야 한다고 주장한다. "제발 돈 걱정은 그만하세요"라고 말한다.[79]

투자자이면서 작가인 하워드 막스(Howard Marks)는 주식 시장의 위기에 대처하는 자신의 사고 과정을 이렇게 설명한다. "상황을 요약해서, 세상이 종말을 맞을 것인지 아닌지 … 만약에 종말이 오지 않았는데 매수하지 않았다면 우리는 우리의 일을 하지 않은 것입니다." 막스는 투자자가 해야 할 일은 "아주 간단하다"라고 말한다.[80]

좋은 날은 예고 없이 찾아온다

코로나19 팬데믹 위기가 시작되자 주요 주식 시장 지수가 급격히 하락했다. S&P 500 지수는 한 달여 만에 30퍼센트 이상 하락했는데 이는 역대 가장 빠른 하락이었다. 수백만 명의 투자자들과 마찬가지로 나도 시장을 주시하고 있었다. 앞으로도 계속 하락할 수 있다는 것은 알았지만 돈이 생기면 ETF를 매수했다. 돈이 없으면 아무 일도 하지 않았다.

주변의 여러 친구와 지인들도 동시에 컴퓨터 앞에 앉아 있었다. 수년간 투자를 한 사람들이다. 더러 금융을 전공한 사람도 있다. 금융 관련 기업에서 일을 하는 사람도 있다. 몇 주 동안 포트폴리오의 가치가 급락하면서 충격을 받은 친구들은 이제 막 조정 장세가 시작되었다고 결론지었다. 나중에 더 낮은 가격에 다시 사들일 생각으로 주식을 팔기로 결정했다. 시장에 떠도는 뉴스는 참담했다. 당시 헤드라인 몇 개를 보자.

· 코로나 바이러스 충격 확산으로 다우 지수 3,000포인트 가까이 하락 : 1987년 이후 최악의 하루(CNBC)
· 캘리포니아 주지사, 코로나 바이러스 확진자 급증으로 전 주민에게 집에 머물 것을 명령(CNBC)
· 트럼프, 코로나 바이러스 전염병 관련 중국 비난 : 그들이 저지른 일로 전 세계가 아주 큰 대가를 치르고 있다(CNBC)
· 코로나 바이러스, 치사율은 낮지만 사스와 메르스를 합친 것보다 더 많은 사망자 발생(영국의학저널 *British Medical Journal*)
· 코로나 바이러스로 중국 내 7억 8,000만 명에게 여행 제한 조

치 발동(CNN)

· 코로나 바이러스로 인한 경기 침체, 중산층에 큰 타격을 주었다(경제 주간지 〈배런스Barron's〉)

· 코로나 바이러스 피해로 이미 불황에 들어선 세계 경제 : 로이터 여론 조사(로이터 통신)

나는 거의 30년 동안 뉴스를 보았다. 9·11 사태를 제외하고는 이렇게 많은 종말론적인 헤드라인이 한꺼번에 보도된 적이 없다. 대부분의 독자가 아마도 그때 투자하기에는 최악의 시기라고 생각했을 것이다. 지금은 그 판단이 잘못되었다는 것을 안다. 이 무시무시한 헤드라인이 나온 다음 해, S&P 500 지수는 70퍼센트나 급등하며 누구도 예상하지 못했던 놀라운 성과를 거두었다. 리처드 모린은 "평균적으로 시장은 호재가 나오기 6개월 전에 상승하기 시작합니다." "보통은 신문에 종말론적인 뉴스만 나올 때 반등을 시작하는데 코로나19 팬데믹이 바로 그런 경우였습니다."

친구들은 상승 기회를 놓치고 매각한 자산을 서둘러 다시 매수했다. 나는 운이 좋았다. 위기가 닥칠 때마다 대부분의 투자자가 상승 기회를 놓친다. 시장은 다시 상승세로 돌아서지만 기회를 놓친 투자자들은 손실을 고스란히 떠안는다. 그리고 손실과 충격으로 이미 가격이 크게 상승한 주식을 이후에는 다시 매수할 수 없다. 이 같은 교훈은 고통스럽고 엄청난 비용을 수반한다.

좋은 날은 예고 없이 찾아오기 때문에 당장은 투자 가치가 하락하더라도 계속 보유하는 것이 중요하다. 미시간 대학의 네자트 세이훈(H. Nejat Seyhun) 교수의 연구에 따르면 최근 30년 동안 미국 증시의 상승 폭 대부분은 시장이 열린 7,500일 중 90일, 즉 영업일 기준 1퍼센트가 조금 넘는 날에 오른 것이라고 한다. 시장에서 돈을 빼서 그 1퍼센트 영업일을 놓친 투자자는 30년이라는 긴 시간 동안 돈을 벌 기회를 잃은 것이다.[81]

시장이 공황 상태이거나 혹은 공황 상태가 될 것을 예상하고 매도하는 행동은 당신이 미래를 예측할 수 있다는 '직감'에 의존하는 일이며 아주 비싼 대가를 치르게 된다. 투자에 있어서 가장 좋은 직감은 직감을 가지지 않는 것이다. 워런 버핏은 "나는 시장이 어떻게 움직일지 전혀 알 수 없습니다." "하루, 일주일, 한 달, 일 년 후에 무슨 일이 일어날지…. 나는 그것을 안다고 느낀 적도, 그것이 중요하다고 생각한 적도 없습니다. 하지만 10년, 20년, 30년 후의 주식은 지금보다 훨씬 더 오를 것입니다."[82]

완벽한 타이밍에서 얻을 수 있는 효과

가능한 한 낮은 가격에 주식을 매수하기 위해 시간과 에너지를 투자한다고 해서 기대하는 만큼의 엄청난 수익을 얻지는 못한다. 운이 좋아서 투자하려는 종목이 폭락한 후 최저가를 기록할 때마다 매수할 수 있다고 상상해 보자. 금융 분석가이자 저술가인 닉 마기울리(Nick Maggiulli)는 1970년부터 2019년까지 극도로 운이 좋아서 시장이 하락한 후 바닥을 쳤을 때만 매수한 투자자의 연간 수익률은 시장의 기복을 걱정하지 않고 매달 정기적으로 자금을 투자한 사람보다 0.4퍼센트 정도 높을 것이라고 계산했다.[83]

즉, 매수 타이밍을 완벽하게 맞추었을 때 주어지는 추가 수익, 실제로 완벽하게 작동하는 수정 구슬로 맞춘 수익은 0.4퍼센트에 불과하다. 하지만 실제로 매번 맞추지 못할 가능성이 높으며 그렇게 되면 오히려 꾸준히 매수하는 것보다 수익률이 더 나쁠 수 있다! 본능에 따라 투자하는 일은 실수다. 투자하기 전에 기다리라고 속삭이는 머릿속의 작은 목소리에 귀를 기울이는 것은 실수다. 마음의 평화를 되찾기 위해 주식을 매도하는 행위도 실수다. 투자에서 본능은 다른 어떤 것보다 쉽게 당신을 곤경에 빠뜨릴 수 있다.

경로 유지의 중요성

모든 투자 규칙 가운데 가장 중요한 규칙은 경로를 유지하는 것이다. 주식과 채권 비중은 한번 정하면 변경하지 않는 것이 가장 좋다. 여유 자금이 생기면 추가로 투자하라. 자금이 필요하면 인출하

라. 그게 전부다.

이 규칙을 지키기가 어려운 이유는 현명한 투자자가 될 준비가 안 되었기 때문이다. 인류가 수십만 년 동안 지구에서 살아남은 이유는 재난이 닥쳤을 때 가만히 앉아 있지 않았기 때문이다. 적이 우리의 식량을 약탈하거나 불로 가족을 위협할 때는 그에 맞서 대응했기 때문에 살아남았다.

투자 세계에서는 이 같은 대응이 오히려 해가 될 수 있다. 투자자이자 작가인 패트릭 오쇼너시(Patrick O'Shaughnessy)는 "무엇이 효과가 있을지 찾아보려고 애쓰는 대신 일상의 함정을 피하는 일에 집중하라"는 말로 이를 요약했다. 그는 '고수처럼 투자하라(Invest Like the Best)'는 팟캐스트에 나와 아프리카의 사파리 가이드가 사자가 달려들 때 도망가면 공격당할 위험이 커지므로 그 자리에 가만히 서 있게 했다는 기억을 회상했다. "사자가 다가오면 도망치지 말라는 말을 100번도 넘게 들었습니다." "가이드는 50번 넘게 그 같은 경험을 했다고 합니다. … 도망가지 않으면 사자는 곧 멈추고 사람에게 해를 입히지 않습니다. 우리는 이 교훈을 사전에 머릿속으로 100번은 되새겨야 합니다. 투자에 있어 기본적인 본능은 도망치는 것이기 때문입니다."[84]

자신의 투자 가치가 아주 빠르게 하락하는 모습을 보면 성난 사자가 달려드는 것과 같은 느낌이 든다. 전날까지만 해도 계좌에 있던 돈이 더 이상 내 것이 아니다. 몸의 모든 세포가 무슨 일이든 하라고 재촉한다. 위협을 제거하기 위해서 말이다! 사자를 만났을 때와 마찬가지로 당신이 할 일은 위험과 싸우는 것이 아니라 당신의 반사 신경과 싸워야 한다.

어째서 여성이 투자를 더 잘할까?

여러 연구에 따르면 여성이 남성보다 주식 시장에서 더 나은 성과를 내는 경향이 있다. 그 이유는 여성이 남성에 비해 거래 빈도가 낮고 분산된 펀드에 투자하는 것을 선호하기 때문이다.[85]

영국의 투자 회사 하그리브스 랜스다운(Hargreaves Lansdown)이 고객을 대상으로 한 연구에 따르면 여성이 남성보다 3년간의 투자 기간 동안 연간 0.81% 더 높은 성과를 거둔 것으로 나타났다. 이런 성과가 30년 동안 지속된다면 여성이 남성보다 평균 25% 정도 더 많은 자산을 보유하게 된다는 의미다.[86]

우리는 단지 승객일 뿐이다

대학생 시절, 하루 일과를 마치고 집에 가기 위해서는 지하철을 타고 14개 역을 지나 1시간 30분 간격으로 도착하는 마을버스를 타야 했다. 놓치고 싶지 않았다. 지하철에 앉아 버스를 제시간에 탈

수 있을지 계속 시계를 들여다보았다. 시간이 흐를수록 스트레스 지수는 점점 높아졌다. 지하철이 아무도 없는 빈 역에 끝없이 정차하는 것 같았다. 매초가 아까웠다. 버스를 놓칠 것 같아서! 그러다 불현듯 내 행동이 말도 안 된다는 것을 깨달았다. 나는 지하철 운전사가 아니라 승객이다. 스트레스를 받으며 시간을 보낸다고 해서 결과가 달라지지는 않는다. 버스를 타거나 놓치거나 둘 중 하나다. 일단 지하철을 타고 나면 그 확률을 바꿀 방법은 아무것도 없다.

나를 초조하게 하던 불안감은 전혀 필요 없는 것이었다. 이 사실을 깨달았을 때 느꼈던 해방감을 기억한다. 지하철의 사례처럼 당신은 금융 시장의 주도자가 아니라 승객일 뿐이다. 이 사실을 빨리 깨달을수록 불안한 감정이 비생산적이라는 것을 더 빨리 이해할 수 있다. 생각할수록 말이 안 되는 소리 아닌가.

나는 지금 투자 소득이 아닌 월급으로 생활한다. 만약 지금 은퇴해서 투자한 연금 자산에서 생활비를 충당해야 된다면 시장이 무너져도 침착할 수 있을까? 잘은 모르겠지만 앞부분에서 설명했듯이 투자 자금으로 생활하는 은퇴자는 시장 변동성에 대한 내성이 낮기 때문에 통상 자신의 포트폴리오에 채권 ETF의 비중을 높인다.

내가 깨달은 또 다른 현상은 자신의 투자 가치를 강박적으로 확인하는 투자자는 스키를 타는 것보다는 스키 리프트의 기술적 세부 사항에 집착하는 스키 선수와 비슷하다는 점이다. 물론 스키 리프트도 꼭 필요하다. 그러나 리프트는 그 자체로 목적이 아닌 도구다. 적절하게 제 몫을 하고 나면 배경 속으로 사라지고 가능한 한 눈에 띄지 않아야 한다.

내가 말하는 요지는 아무도 시장 침체를 통제할 수 없다는 것이다. 좋은 소식은 시장 침체에 대한 당신의 반응은 통제가 가능하다는 것이다. 시장의 하락은 피할 수 없다. 그리고 하락 없는 시장은 바람직하지 않다. 명백한 사실이지만 이해하기 쉽지는 않다. 찰리 멍거는 이렇게 말했다. "투자가 쉬웠다면 누구나 부자가 되었을 것입니다. 투자란 쉬운 게 아닙니다. 쉽다고 생각하는 사람은 바보입니다." 그렇다면 당신이 직접 투자를 관리해야 할까? 아니면 전문가에게 맡겨야 할까? 다음 장에서 알아보자.

제 8 장

현명한 투자자의
자기방어 가이드

가장 어려운 일은 행동하기로 결심하는 일이고
나머지는 끈기에 달려 있다.

- 아멜리아 에어하트(Amelia Earhart)_최초로 대서양을 횡단한 여성 비행사

당신의 금융 상품은 공정한가?

이국적인 섬으로 여행을 떠났다고 상상해 보자. 현지인들과 함께 여기저기 바를 즐겁게 돌아다니며 늦은 밤까지 파티를 즐긴 후, 모두 집으로 돌아가고 혼자 어두운 시골길을 헤맨다고 가정해 보자. 비가 내리기 시작하고 날은 춥고 신발까지 잃어버렸다. 길에서 마주치는 사람들은 당신을 이상한 눈초리로 쳐다본다. 갑자기 지나가던 택시가 멈춘다. 기사에게 호텔 이름을 말하자 기사가 고개를 끄덕인다. "앞으로 25년 동안 당신 월급의 50퍼센트를 주면 모셔 드리겠습니다." "뭐라고요?" 황당한 생각에 되묻는다. "그건 너무 비싸잖아요!" "당신에게 달렸어요." 기사가 대답한다. "하지만 다른 택시

들도 모두 똑같은 요금을 요구할 것입니다. 더구나 돌아가는 길도 복잡하고 이 섬은 위험한 곳입니다. 경험상 혼자서는 호텔까지 갈 수 없어요. 따라서 월급의 50퍼센트는 정말 저렴한 가격입니다."

이 이야기가 사실이라면 최악의 여행 사기로 꼽힐 것이다. 하지만 당신이 만나는 투자 전문가는 통상 이와 비슷한 거래 조건을 제시한다. 물론 택시 기사처럼 이야기하지는 않는다. 곤경에 빠진 고객을 사취하는 택시 기사에 비유한다면 화를 낼 거다. 하지만 이것이 현실이다. 멋진 사무실에서 에스프레소를 마시며 계약서에 서명하는 순간, 당신은 잠재적인 투자 수익의 50퍼센트 때로는 그 이상을 포기하는 셈이다.

어쩌다 그렇게 되는 것은 아니다. 금융 기관과 투자 관리 회사는 매년 수억 달러를 들여 TV, 라디오, 웹 광고를 한다. 광고를 통해 자신들이 당신의 이익을 최우선으로 생각하고 있으며 당신의 파트너이자 친구라고 설득한다. 그들을 통해 투자하는 것이 합리적이라고 외친다.

저축과 투자는 아예 하지 않는 것보다는 어떤 식으로도 하는 게 당연히 좋다. 하지만 당신 재산을 관리하는 일부 전문가들이 공정하지 않다는 사실을 간과하기 쉽다. 그들이 제안하는 금융 상품은 당신의 투자 자금이 그들이 원하는 방향으로 꾸준히 흘러가 상품을 판매하는 기관의 수익을 늘리도록 설계되어 있다.

돈이 연기처럼 사라지는 수수료의 비밀

몇 년 전 앤드류 할램이 한 가지 실험을 했다. 이웃에 사는 5명에게 다섯 개의 서로 다른 금융 기관을 방문하도록 부탁했다. 그들은 각각의 금융 기관을 방문해서 단순한 지수 ETF로 구성된 투자 포트폴리오를 만들어 달라고 요청했다. 각 사의 재무 설계사 5명 모두가 100퍼센트 그렇게 하지 말라고 조언했고 대신 보수율이 높은 뮤추얼 펀드를 매수하라고 제안했다.

앤드류는 이 결과가 고객을 속이기 위한 거대한 음모라고는 생각하지 않았다. 금융 기관의 직원들도 지수 ETF가 어떤 식으로 작동하는지 잘 몰랐을 것이라 생각했다. 더구나 그들은 명시적이든 암묵적이든 자신이 달성해야 할 판매 목표가 있기 때문에 각 기관이 설계한 상품을 홍보해야 한다. 이 같은 문제를 제기하면 투자 전문가들은 자신들이 없으면 수익률이 더 나빠질 것이라고 주장한다. "투자는 집수리와 같습니다." "어떤 사람은 자신이 직접 수리해서 돈을 아낄 수 있습니다. 하지만 대개의 경우 전문가에게 맡기는 것이 좋습니다."

투자 전문가들은 자기 주도형 개인 투자자는 잘못된 시기에 투기를 하거나 매매하기 때문에 투자 성과가 저조하다는 미국 금융 서비스 회사인 달바(Dalbar)의 분석을 인용하여 주장을 뒷받침한다. 하지만 〈월스트리트 저널〉과 몇몇 경제학자들은 달바의 연구에서

사용한 방법론에 의문을 제기하며 개인 투자자의 성과가 저평가되었다고 말한다.[87]

전문가가 고객의 실수를 예방하고 세금 및 기타 문제에 관해 유익한 조언을 할 수 있다고 가정하더라도 그들이 투자에서 가져가는 돈은 터무니없을 정도로 많다. 이국적인 섬에 있는 택시 기사의 예를 보면 그 기사가 모는 택시를 타는 것이 더 안전하다는 말이 옳더라도 향후 25년 동안 월급의 50퍼센트를 요구하는 일이 정당화될 수 있을까?

균형 잡힌 포트폴리오에 10만 달러의 투자금이 있고 매년 1만 달러를 추가로 불입한다고 가정하자. 그리고 거래하는 투자 자문사가 연간 2퍼센트의 수수료를 부과한다고 가정하자. 보기 드물게 투자 자문 비용을 깊이 있게 분석한 2014년 판 〈재무 분석 저널 *Financial Analysts Journal*〉에 따르면 적극적으로 투자 자산을 운용하는 뮤추얼 펀드는 펀드의 운영 수수료, 투자 자문 수수료, 펀드 내 주식 매매 비용을 포함하여 평균적으로 연간 2.27퍼센트의 비용을 투자자에게 부과한다.[88]

10년 동안 매년 6퍼센트씩의 수익률을 기록한다고 가정하고 연간 2퍼센트의 수수료를 지급하면 10년 후 투자 잔고는 수수료가 전혀 없는 경우에 비해 약 4만 5,000달러가 줄어든다. 이 금액은 수수료와 수수료 때문에 줄어든 투자 수익을 감안한 것이다. 최종적으로 수익은 약 6만 5,000달러다.

동일한 계산으로 만약 25년간 저축하면서 투자를 하면 수수료 때문에 계좌에 생기는 구멍은 31만 달러가 되고 수익은 32만 달러에서 그친다. 요컨대 수익의 거의 절반, 즉 투자자로서 받아야 할 월급을 포기하는 것이다. 35년이 지나면 연간 2퍼센트의 관리 수수료로 인한 수익 감소분은 78만 5,000달러가 되고 수익은 65만 달러가 된다. 즉, 수수료가 수익을 초과한다! 이 같은 구조가 마음에 드는가?

다르게 설명해 보자. 투자에 우리 돈을 넣고 우리가 위험을 감수한다. 반면에 우리가 거래하는 전문가는 돈도 넣지 않고 위험도 감수하지 않는다. 그저 단 몇 번의 미팅만으로 수년에 걸쳐 수십만 달러를 벌어들이는 것이다. 이것이 공평하다고 생각하는가?

자신이 수수료를 받을 자격이 있다고 믿는 투자 전문가에게 한 가지 제안을 하고 싶다. 대부분의 고객이 눈치채지 못하게 투자금에서 직접 수수료를 떼지 말고 변호사, 치과 의사, 공증인처럼 서비스를 먼저 제공하고 나중에 청구서를 보내자. 예를 들어 은퇴한 부부에게 매년 12월 말에 150만 달러의 포트폴리오를 관리하는 대가로 3만 달러의 청구서를 보내는 식이다(2%에 해당하는 관리 수수료). 좋은 생각이 아닌가? 지금 같은 수수료 모델이 누군가에게 혜택을 주고 있기는 하지만 혜택의 대상이 고객이 아니라는 점만은 분명하다.

은퇴 자금에서
얼마를 꺼내 쓸 수 있을까?

25년 전, 캘리포니아의 재무 설계사 빌 벤겐(Bill Bengen)은 일하지 않고서도 생활비를 충당하기 위해 매년 은퇴 자금에서 얼마만큼이나 인출해야 될지를 계산했다. 그의 결론에 따르면 투자금에서 매년 4%씩 인출하되 인플레이션을 감안해 매년 조금씩 증액하면 최소 30년 동안은 자금 부족을 염려하지 않고 살 수 있다. 예를 들어 100만 달러의 포트폴리오에서 첫해에 4만 달러를 인출하고, 2년 차에 4만 800달러 (인플레이션이 2%인 경우), 3년 차에 4만 1,616달러를 인출하는 식으로 이어갈 수 있다. 벤겐은 주식 60%, 미국 채권 40%로 구성된 포트폴리오를 기반으로 시나리오를 계산했으며 1920년대 이후 시장의 평균 수익률을 고려했다.

최근에 벤겐은 자신의 계산을 수정했는데 지금은 투자금에서 연간 4.5%를 인출해도 자금이 바닥나지 않을 거라고 밝혔다. 그는 이 규칙이 '보수적'으로 산정되었다고 이야기하며 이는 주식 시장이 역사상 최악의 시기를 맞이해도 작동하도록 설계되었다는 의미라고 설명한다. 또한 시장이 폭락할 때 사람들이 지출을 줄이고 투자금에서 더 적은 돈을 인출할 가능성을 고려하지 않았기 때문에 시장이 정상적인 해에는 4.5% 이상을 인출할 수 있다고 한다. 벤겐은 "이것은 모두에게 해당되는 자연법칙은 아닙니다." "우리가 가진 데이터에 기반한 것입니다. 경험치인 것이지요. 한 가지 사례로 모든 경우에 적용할 수는 없습니다."[89]

피터 아데니는 4% 규칙의 열렬한 지지자다. 아데니는 당신의 투자 자금이 충분한지 쉽게 알 수 있는 방법은 연간 지출의 25배에 해당하는 포트폴리오를 구축하는 것이라고 말했다. "지출이 적을수록 더 빨리 일을 그만둘 수 있습니다." "소득의 50%를 저축하는 근로자는 17년 후에 은퇴할 수 있습니다. 75%를 저축하면 7년 후에 일을 그만둘 수 있습니다."

불공정한 업계 관행에 대해

마크-앙드레 투르코는 이러한 역학 관계를 잘 알고 있다. 전선공의 아들로 태어난 투르코는 중산층 가정에서 자랐다. 집에서는 돈에 관한 이야기가 거의 없었지만 그는 대학 시절부터 주식 시장과 금융에 관한 책을 읽기 시작했다. 그는 완전히 매혹되었다. "첫눈에 반했지요."

금융을 전공한 투르코는 대형 금융 기관에 입사했다. 그리고 재무 설계사가 되었다. "은행 지점 14개를 담당했습니다. 영업의 세계에 빠져들었습니다." 투르코는 4만 5,000달러의 기본급과 자신이 판매한 금융 상품에 대한 수수료를 받았다. 출장 경비는 자신이 부담했다. "제 임무는 고객이 다른 금융 기관에 예치한 20만 달러를 우리에게 이체하도록 설득하는 일이었습니다." "새로운 자금을 유치하는 일이 제일 중요했습니다. 기존 고객을 돌보는 일은 인센티브가 전혀 없었지요. 고객을 보살피고 싶었지만 시간이 없었어요. 한 명의 은행원이 300개의 계좌를 책임져야 하는 상황에서 모든 고객을 챙기는 것은 불가능합니다. 그래서 저는 급한 일부터 우선 처리했습니다."

인덱스 ETF 판매는 허용되지 않았다. 투르코의 고객들은 수수료가 높은 뮤추얼 펀드에만 가입하게 되었다. "고객이 원하는 것은 아니었지만 손이 묶여 있었습니다." 고객이 항의하지 않았을까? 고객들은 더 좋은 상품이 있다는 사실을 몰랐기 때문에 아무 말도 하지 않았다. "고객들은 수수료율을 보지 않기 때문에 다른 상품에 관심이 없습니다. 수수료가 표시되어 있긴 했지만 전체 수수료가 아니라 일부만 볼 수 있었지요. 중요한 정보는 이해하기 어려운 투자 설명서 속에 숨겨져 있었습니다."

펀드 매니저가 당신 돈을 해외로 빼돌릴 수 있을까?

투자 자금이 수탁 기관에 보관되어 있다면 불가능하다. 펀드 매니저가 관리하는 펀드와 자산은 대개 수탁 서비스를 제공하는 여러 은행, 회계 법인 또는 법무법인을 수탁자로 지정하여 그곳에 보관한다. 미국에서 가장 오래된 은행 가운데 하나인 JP모건 체이스(JPMorgan Chase&Co.)는 가장 큰 수탁은행이기도 하다. 즉, 펀드 관리자는 고객 계좌의 투자

> 종목은 선택하고 관리할 수 있지만 자금의 소유자가 아니므로 인출 권한이 없으며 고객 본인만 자금 인출이 가능하다.

　모든 것이 고객의 재정 상태와 삶에 실질적인 영향을 미친다고 투르코는 말한다. "투자 기관은 100만 달러 이상을 가진 사람들에게만 에너지를 쏟습니다. 아무도 그런 사실을 이야기하지 않기 때문에 고객은 모릅니다. 나쁘게 말하고 싶지는 않지만 일반적인 재무 설계사들은 전문 지식이 모자라고 그렇다고 재능이 뛰어난 것도 아닙니다. 좋은 자질을 갖춘 사람들이 아닙니다. 은퇴 후를 대비해 100만 달러를 모으는 일은 가능하지만 제대로 된 조언을 받지 못하기 때문에 투자 수익은 아주 적은 경우가 많습니다."

　투르코는 모든 금융 기관의 직원들이 매년 서명해야 하는 윤리 규정이 가장 큰 문제라고 말합니다. "윤리 규정에는 고객을 위해 일하고 고객을 보호해야 한다고 명시되어 있지만 매주 열리는 회의에서는 '얼마를 팔았습니까? 목표를 달성했습니까?'라고 묻습니다. 그리고 직원에게 문제가 생기면 기관은 '회사는 직원들이 윤리 규정에 서명하도록 했기 때문에 그 문제에 아무 책임이 없습니다'라고 말합니다. 이것이 업계에서 일어나는 나쁜 관행입니다."

　투르코는 경력을 쌓기 위해 종합 투자 관리 서비스를 제공하는 같은 회사의 지점으로 이동했다. 그곳에서 그는 부유한 고객들의 자산 투자를 담당했다. 간접적이긴 했지만 여기서도 고객에게 점점 더 높은 수수료가 붙은 금융 상품을 판매하라는 압박이 커졌다. "고객이 지불하는 수수료의 40퍼센트가 저희 월급이었습니다. 따라서 수수료를 많이 부과할수록 더 많은 급여를 받을 수 있었습니다."

이러한 구조가 마음에 들지 않았던 투르코는 마침내 사직하고 독립하기로 결심했다. 그는 대형 자산 관리 회사인 레이몬드 제임스 (Raymond James) 산하의 투자 자문 대리점인 디모스 가족 자산 운용사 (Demos Family Wealth Management)를 설립했다. 현재 투르코는 40여 개 가문이 투자한 2억 달러 규모의 자산을 관리하고 있으며 구좌당 투자 금액의 중간값은 약 100만 달러다. 투르코는 고객의 포트폴리오를 구성하면서 뮤추얼 펀드를 이용하지 않고 장기적으로 투자할 기업의 주식을 선택한다. 일단 매수하면 장기간 보유하면서 고객의 수수료를 낮게 유지한다. "약 30개의 주식과 채권으로 구성된 포트폴리오를 보유하고 있습니다. 그게 전부입니다."

불투명한 관행이 초래하는 장막 속의 손실

마크-앙드레 투르코의 경험이 특별한 것은 아니다. 독립적으로 활동하는 포트폴리오 매니저들은 누구나 그와 같은 끔찍한 이야기를 알고 있다. 투자 경력이 30년이 넘는 펀드 매니저 리처드 모린은 금융 기관이 높은 수수료가 숨겨져 있는 금융 상품으로 고객을 대하는 방식을 목격했다. 그는 금융 기관이 불투명성의 대가(大家)라고 말한다. "숨어 있는 수수료도 많고 명세서에 명확하게 공개되지 않는 여러 단계의 수수료가 있습니다. 사람들은 연간 1퍼센트 정도의 수수료를 낸다고 생각하지만 실제로는 2퍼센트에 가까운 수수료를 내는 경우가 많습니다. 투자 기간이 20년, 25년에 달하면 그 차이는 엄청납니다."

모린은 수년 전에 자신을 찾아온 부부를 기억한다. 은퇴한 부부의 재정 상태를 살펴본 후 무엇인가 잘못되었다는 것을 금방 깨달았다. "이 부부는 금융 기관의 조언에 따라 15만 달러의 신용 한도를 유지하면서 동시에 약 100만 달러의 투자 포트폴리오를 보유하고 있었습니다. 금융 기관은 신용 한도에 대한 이자와 100만 달러에 대한 관리 수수료를 받는 등 양쪽에서 모두 수익을 올리고 있었습니다. 부부가 투자한 펀드를 팔아 신용 한도를 줄이면 은행은 양쪽에서 모두 손해를 보는 셈이지요!"

고객을 기만하는 곳은 은행뿐만이 아니다. 모린은 수년간 시장보다 높은 수익률을 기록했다고 주장하는 투자 관리 회사 가운데 일부는 '창의적'인 방법으로 그들의 수익률을 계산하여 발표한다고 지적한다. "예를 들어 일부 회사는 특정 계좌의 수익률만 공개하는데, 회사가 보유한 모든 계좌의 평균적인 성과를 반영한 것이 아닙니다." "일부 회사는 이론적인 백테스팅(back-testing, 과거 시장 데이터로 수익률을 계산하는 기법이며 미래의 수익률을 예측할 수 없다) 모델을 근거로 계산한 수익률 혹은 회사가 출범하기 전에 기록한 수익률을 게시하기도 합니다."

증권거래위원회(SEC)는 무엇을 하는 곳인가?

증권거래위원회(SEC)는 미국의 금융 부문을 규제하고 감독하는 기관이다. 프랭클린 루스벨트 대통령이 제안한 뉴딜 프로그램의 일환으로 1934년 미 의회 법안으로 만들어졌으며 설립 당시 목적은 또 다른 대공황을 방지하는 것이었다. SEC의 임무는 투자자 보호, 공정하고 질서 있고 효율적인 시장 유지, 자본 형성 촉진 등 세 가지다.

가장 최근의 연례 보고서에 따르면 SEC는 매년 3만 1,000건 이상의 의심스럽거나 사기적인 거래 관행에 대한 불만과 신고를 접수했다. 상위 세 가지 불만 사항은 암호 화폐, 증권/가격 조작, 선취 수수료 사기에 관한 것이다. SEC는 웹사이트에 등록된 기관 명부를 올려놓았는데 투자를 위해 거래하고자 하는 회사 또는 사람이 금융 상품의 자문 또는 판매와 관련된 활동을 할 수 있는 자격을 갖추었는지 여부를 확인할 수 있다. SEC는 금융 교육 목적도 가지고 있으며 웹사이트에서 투자 수수료와 복리 이자의 영향을 계산할 수 있는 계산기 등 여러 도구를 사용할 수 있다.

뮤추얼 펀드 업계의 또 다른 비밀은 종종 실적이 부진한 펀드를 폐쇄하여 해당 펀드의 자산을 다른 펀드에 합친다는 점이다. 이런 식으로 수익률이 좋지 않은 펀드의 기록은 지워진다. 정기적인 정리 작업 덕분에 뮤추얼 펀드 업체는 자신의 수익률이 실제보다 더 매력적이라고 자랑할 수 있다고 모린은 말한다. 그렇다면 어떤 식으로 투자해야 할까? 투자라는 기계를 가동한 후 어떻게 하면 일 년에 한 시간 미만을 투입하면서도 시간이 지남에 따라 투자금을 늘릴 수 있을까? 다음 장에서 그 방법을 알아보자.

제 9 장

재산 늘리기

나는 투자하지 않습니다. 사람들은 돈이 여러분을 위해 일하게 해야 한다고
말하는데, 나는 내가 일하고 돈은 좀 쉽게 하기로 했습니다.

- 제리 사인펠트(Jerry Seinfeld)_코미디언

당신에게 주어진 세 가지 선택지

투자를 시작할 때는 투자자의 자율성 수준에 따라 세 가지 선택지가 주어진다.

1. 가장 높은 자율성 : 수수료가 할인되는 온라인 플랫폼을 활용하여 투자자 스스로 투자를 관리하는 방법
2. 중간 정도의 자율성 : 로보어드바이저와 같은 자동화된 투자 관리 플랫폼을 통해 투자가 자동으로 집행되도록 하는 방법
3. 가장 낮은 자율성 : 전문가의 서비스를 이용하여 다른 사람이 당신의 투자를 관리하도록 하는 방법

선택 1 온라인 증권 계좌

수수료 측면에서 가장 비용이 적게 드는 방법인데 수수료가 할인되는 온라인 증권 계좌를 이용하여 개인 투자자가 직접 투자하는 방법부터 살펴보자.

수수료 할인 증권 계좌는 인덱스 펀드, ETF, 주식, 채권 등 금융 상품을 매매할 수 있는 온라인 플랫폼이다. 간단히 말해 개인 투자자가 금융 투자를 시작하는 출발점이다. 거의 모든 은행이나 증권 회사에서 수수료가 할인되는 주식 거래 플랫폼을 제공하며 그중에는 수수료 할인 중개 업무만을 전문으로 하는 기업도 있다. 가장 인기 있는 기관으로는 피델리티, 찰스 슈와브(Charles Schwab Brokerage), TD 아메리트레이드(TD Ameritrade), 뱅가드, E-트레이드, 로빈후드(Robinhood) 등이 있다. 계좌 개설 절차는 일반적으로 간단하며 온라인으로 이루어진다.

한 번에 여러 개의 계좌를 개설할 수 있다. 증권 계좌, IRA, 비과세 IRA는 물론 학자금 저축을 위한 529 플랜 계좌도 개설할 수 있다. 이러한 계좌는 투자자가 원하는 금융 상품을 넣을 수 있는 '상자'가 된다.

IRA와 비과세 IRA 가운데 어느 것이 더 좋을까?

IRA와 비과세 IRA 가운데 어느 것이 더 좋을까? 내게는 따뜻한 애플 파이 한 조각과 캐러멜 아이스크림 가운데 하나를 선택하는 일과 비슷하다. 이 질문에 대한 답은 개인에 따라 다르다.

미국 고용주의 56%가 제공하는 퇴직 연금 제도인 401(k)와 마찬가지로 IRA에 대한 불입금은 세전 소득으로 이루어지므로 소득이 발생한 과세 연도에 세금 공제를 받는다. 그러나 은퇴 후 인출 시에 세금이 부과되므로 인출 당시의 소득세율이 불입 시 세율보다 낮으면 유리하다. 2023년 연간 IRA 불입 한도는 50세 미만은 6,500달러, 50세 이상은 7,500달러다. 이 한도는 인플레이션을 고려하여 주기적으로 인상된다.

반면에 비과세 IRA는 세후 소득에서 불입하므로 불입하는 시점에는 세금을 절감할 수 없다. 비과세 IRA는 59.5세 이후에 인출하면 불입한 원금(연간 최대 6,500달러, 50세 이상은 7,500달러)과 투자 수익에 세금을 부과하지 않는다. 논리적으로 보면 비과세 IRA는 은퇴 후에 적용될 것으로 예상되는 세율보다 현재 세율이 낮은 경우 이상적인 은퇴 저축 계좌다.

또한 일반적으로 IRA는 72세가 되면 정해진 최소 금액을 무조건 인출해야 하지만 비과세 IRA는 수혜자가 원하면 계속해서 적립금을 투자하고 투자 수익에 비과세를 적용받을 수 있다. 요컨대 IRA와 비과세 IRA를 적절히 조합하면 현재는 물론 미래에도 절세 효과를 동시에 누릴 수 있다.

계좌가 개설되면 예금 계좌에서 주식 계좌로 돈을 이체할 수 있다. 다른 금융 기관에 있는 투자금을 이체할 수도 있다. 대부분의 경우 온라인에서 증권 플랫폼이 제공하는 이체 양식(TIF, Transfer Initiation Form)을 작성하기만 하면 되므로 금융 기관이나 증권 회사 담당자와 어색한 대화를 나눌 필요가 없다. 나는 수년 동안 이런 방식으로 여러 계좌를 이전했다. 누구와도 대화를 나눌 필요가 없고 매번 순조롭게 진행되었다. 또한 급여일과 같이 특정 일자에 자동 이체를 설정할 수 있으므로 특별히 신경 쓰지 않고도 투자 계좌로 송금할 수 있다. 자동 이체는 매달 투자 여부를 결정하는 대신 한 번의 결정으로 사전에 정한 기간 동안 꾸준히 투자 자금을 불입하게 되므로 가장 손쉬운 장기 투자 방법이다.

과거에는 ETF 거래 시 온라인 주식 중개 플랫폼에서 투자 금액에 관계없이 최대 20달러의 수수료를 부과했었다. 지난 수년간 수수료 전쟁이 지속되면서 ETF 거래 수수료가 하락 추세에 있으며 경우에 따라서는 무료로 거래가 가능하다.

주식과 채권 비율을 적절하게 배분하는 일, 최악의 시장에서 모든 금융 자산을 매도하지 않도록 시장의 부침에 익숙한 전문가의 조언을 받는 일 등을 고려하면 금융 투자와 관련된 모든 의사 결정을 당신이 스스로 하는 것이 반드시 가장 저렴한 옵션은 아니다. 투자자의 잘못된 행동은 가장 비싼 비용을 초래할 수도 있다.

온라인 증권 계좌를 이용한 투자의 장점 가운데 하나는 당신의 투자 수익을 스스로 지킬 수 있다는 것이다. 시장 침체에 무관심하고 거래를 거의 하지 않는 투자자는 스스로 투자를 관리하기에 적합한 사람이다. 한번 투자하면 거의 신경 쓸 필요가 없기 때문이다. 나는 온라인 증권 계좌를 통한 거래를 선택했다. 내 성격에 맞고 수십 년 동안 복리로 투자금을 늘릴 수 있는 장점이 있다.

그렇다면 어떤 펀드를 매수해야 할까? 100만 달러짜리 질문이다. 두 가지 접근 방식이 있다. 몇 가지 ETF를 매수하거나 멀티 에셋 ETF(주식, 채권 등 여러 가지 자산의 인덱스나 ETF를 포함하는 ETF) 하나만 매수하는 방법이 있다. 이쯤에서 내가 인덱스 펀드보다는 ETF를 선호한다는 것을 알 수 있을 것이다. 논쟁의 여지는 있지만 일반적으로 ETF가 인덱스 펀드에 비해 비용이 적게 들고 절세 효과가 크며 최소 투자 요건이 없기 때문에 대부분의 투자자에게는 ETF가 더 나은 선택이 될 수 있다.

ETF

지수 ETF를 매수한다는 것은 다양한 주식과 채권으로 이루어진 당신만의 펀드를 구성할 수 있다는 것을 의미한다. 이러한 맥락에서 나는 단 두 가지 ETF만으로 구성하는 포트폴리오를 추천한다.

1. 주식 부문 : 9,000개 이상의 미국 및 해외 기업의 주식을 담고 있는 뱅가드 세계 주식 인덱스 펀드 ETF(VT, Vanguard Total World

Stock Index Fund ETF)

2. 채권 부문 : 미국 국채, 우량 기업 및 투자 등급 달러 표시 국제
   채권을 담고 있는 뱅가드 단기 채권 ETF(BSV, Vanguard Short-Term
   Bond ETF)

4장에서 설명한 바와 같이 당신이 원하는 주식과 채권 비율을 정하고 이 두 가지 펀드(VT와 BSV)를 매수하여 포트폴리오를 구성한 후에는 낮잠을 자거나 넷플릭스를 보거나 빵을 구우면 된다. 간단히 말하자면 그게 전부다.

2013년부터 2023년까지 이 같은 분산형 포트폴리오의 수익률은 주식과 채권의 비중에 따라 연간 5퍼센트(주식 60%, 채권 40%로 구성한 포트폴리오)에서 6.3퍼센트(주식 80%, 채권 20%로 구성한 보다 공격적인 포트폴리오)까지 다양했다. 즉, 10년 전에 가상으로 투자한 1만 달러의 가치가 지금은 1만 6,300달러에서 1만 8,400달러 사이가 된다. 그리고 이 두 가지 펀드의 연간 보수율은 아주 낮아서 각각 투자금의 0.07퍼센트(VT)와 0.04퍼센트(BSV)에 불과하다.

내가 추천하는 주식 ETF는 명칭에서 알 수 있듯이 미국 주식뿐만 아니라 해외 주식도 포함한다. 투자자들은 종종 미국 기업 주식만 거래하는 것이 좋을지 묻는다. 미국 기업이 이미 해외에 진출하고 있기 때문에 미국 주식만 거래한다고 해서 크게 잘못된 판단은 아니다. 평균적으로 S&P 500 지수에 속한 기업의 매출 약 30퍼센

트는 해외에서 발생한다.[90] 하지만 나는 개인적으로 해외 주식을 포함하는 다각화를 선호한다. 지난 10년 반 동안에는 미국 주식이 해외 주식보다 수익률이 높았지만 앞으로도 계속 그럴 거라는 보장은 없으며 이러한 추세가 역전되지 않을 것이라는 보장도 없기 때문이다. 어쨌든 미국 주식에만 투자하려는 사람들에게 가장 좋은 방법은 연간 수수료가 0.03퍼센트인 뱅가드 S&P 500 ETF(VOO)를 구입하는 방법이다.

ETF 펀드는 모두 해당 펀드를 소유한 주주에게 배당금도 지급한다. 배당금은 일반적으로 매년 4회에 걸쳐 현금으로 지급되며 대부분의 주식 플랫폼에서 배당금을 자동으로 펀드에 추가 투입(무료)할 수 있다. 계좌를 개설할 때 배당금을 자동으로 재투자할지 여부를 지정하라는 메시지가 표시되지만 그때가 아니더라도 언제든지 재투자 여부를 변경할 수 있다.

캐나다 투자자라면 주식 부문으로 뱅가드 전체 주식 ETF(VEQT, Vanguard All-Equity ETF)를, 채권 부문으로는 CI 1-5년 단기 국채 인덱스 ETF(BXF, CI 1-5 Year Laddered Government Strip Bond Index ETF)를 매수할 수 있다.

영국 투자자가 미국 주식에 투자하려면 뱅가드 S&P 500 ETF(VUSA, Vanguard S&P 500 ETF)를, 영국 주식에 투자하려면 아이쉐어즈 코어 FTSE 100(ISF, iShares Core FTSE 100)을 매수하면 된다. 채권의 경우, 아이쉐어즈 글로벌 국채 ETF(IGLH, iShares Global Govt Bond UCITS ETF)

는 전 세계 국채를 포함하여 다각화되어 있으며 런던 증권거래소에서 쉽게 사고팔 수 있다.

멀티 에셋 ETF

나는 앞서 주식과 채권이라는 두 개의 펀드로 구성하는 포트폴리오를 추천했다. 포트폴리오를 더 단순화하려면 하나의 멀티 에셋 ETF를 선택하면 된다. 멀티 에셋 ETF는 미국 및 해외 주식과 채권을 포함하는 다각화되고 균형 잡힌 투자 상품이다. 따라서 이러한 펀드를 매수하는 투자자는 전 세계 수천 개 기업의 주식과 선진국 정부가 발행한 수천 개의 국채를 보유한다.

멀티 에셋 ETF는 비과세 IRA와 같이 투자금이 비교적 적은 계좌를 위한 옵션이다. 이러한 계좌는 번거롭게 이런저런 고민을 하지 말고 하나의 ETF를 매수한 후 매년 정기적으로 추가 불입하는 것이 좋다. 계좌를 클릭하면 한 줄로 내역과 숫자가 나온다. 마치 숙제를 다하고 주방을 깔끔하게 정돈한 것 같은 느낌이 들 것이다.

멀티 에셋 ETF 가운데 아이쉐어 코어 성장 배분 ETF(AOR, iShares Core Growth Allocation ETF)는 미국 및 기타 국가에서 거래되는 주식 80퍼센트와 미국 정부 및 기타 선진국에서 발행한 채권 20퍼센트로 구성된다. 아이쉐어 중간 배분 ETF(AOM, iShares Core Moderate Allocation ETF)는 앞에서 거론한 펀드보다 보수적인 펀드다. 이 펀드는 미국 및 해외 주식 50퍼센트와 미국 국채 50퍼센트로 구성된다.

이 펀드의 수수료는 연간 0.15퍼센트다.

캐나다 투자자에게는 이에 상응하는 펀드로 0.24퍼센트의 수수료를 부과하는 뱅가드의 성장 ETF 포트폴리오(VGRO, Vanguard's Growth ETF Portfolio)가 있다.

은퇴 이후를 위해 저축하려는 미국 투자자가 이용할 수 있는 또 다른 방법은 타겟데이티드 펀드(TDF, target-date fund)에 가입하는 것이다. 이 펀드는 2040년 또는 2050년과 같은 특정 연도에 은퇴를 가정하고 날짜가 다가올수록 펀드 내에 채권 비중을 늘려 안정성을 높이는 방식으로 포트폴리오의 구성이 시간이 지나면서 변경된다. 예를 들어 2045년에 은퇴할 계획이라고 가정하면 뱅가드 은퇴 타겟 2045 인덱스 펀드(VTIVX Vanguard Target Retirement 2045 Index Fund)를 매수할 수 있다. 최소 투자 금액은 1,000달러이며 수수료는 0.08퍼센트다.

영국 투자자는 주식 비중이 20퍼센트에서 100퍼센트까지 다양하게 배정되는 뱅가드 라이프 전략 인덱스 펀드 집합(Vanguard Life Strategy family of index funds) 내에서 다양한 펀드 상품을 찾을 수 있는데 관리 수수료는 0.27퍼센트다.

올인원 펀드(멀티 에셋 펀드)를 매수하는 투자자는 여러 가지 펀드를 매수하는 투자자보다 더 현명하게 행동하고 더 많은 돈을 버는 경향이 있다는 연구 결과가 있다. 이는 올인원 펀드가 투기하거나 투자 타이밍을 맞추기 위해 만들어진 상품이 아니기 때문이다.

ESG 투자 선택

ETF를 매수하면 수천 개 기업의 공동 소유주가 된다. 하지만 투자자로서 화석 연료, 무기 또는 담배 등을 생산하는 일부 기업의 사업 행태에 동의하지 않을 수도 있다. 그렇기 때문에 ETF를 통해 전체 시장을 매수하는 일은 투자자의 가치관에 반할 수 있다. 이를 해결하기 위해 일부 ETF는 ESG라고 불리는 환경, 사회, 지배 구조 기준에 따라 특정 기업을 펀드 구성에서 제외한다.

ESG 펀드는 주류, 민간용 총기, 논란의 여지가 있는 무기, 재래식 무기, 사설 교도소, 도박 등 다양한 유형의 산업을 제외할 수 있다. 그러나 때로는 해당 산업에 속한 기업 중 '가장 덜 나쁜 기업'은 편입하기도 하므로 매수하려는 펀드의 세부 정보를 읽어 봐야 한다.

ESG 기준을 충족하는 ETF에 대한 수요가 점점 늘어나고 있으며 향후 몇 년 동안 신규 투자의 대부분을 차지할 것이라는 전망이 나온다. 이러한 추세에 따라 새로운 금융 상품에서 배제되지 않기 위해 기업들도 환경 분야에 더 많은 노력을 기울이기 시작했다.

예를 들어 투자 운용사인 블랙록(BlackRock)의 아이쉐어 MSCI 미국 ESG ETF(EDMU, iShares MSCI USA ESG Enhanced UCITS ETF)는 EU의 기후 전환 표준(EU Climate Transition Benchmark)에 따라 탈탄소화를 초과 달성하겠다고 약속한 미국 기업의 주식 포트폴리오에 투자하는 펀드다. 이 펀드의 수수료는 연간 0.07%로 매우 합리적인 수준이다.

캐나다에서는 0.16%의 수수료를 부과하는 아이쉐어 ESG 캐나다 인덱스 ETF(XESG, iShares ESG Aware MSCI Canada Index ETF)가 이에 상응

하는 ETF다.

영국에 거주하는 투자자는 '동종 업계 대비 ESG 성과가 높은' 영국 기업에 투자하며 0.15%의 수수료를 부과하는 아이쉐어 영국 ESG 리더 ETF(UKEL, iShares MSCI UK IMI ESG Leaders UCITS ETF)에 투자할 수 있다.

당신이 매수한 ETF에 ESG 기준이 없더라도 크게 실망할 일은 아니다. 일반적인 생각과는 달리 IPO 주식을 제외하면 특정 기업의 주식을 매수한다고 해서 당신의 매수 자금이 기업으로 흘러가는 것은 아니기 때문이다. 당신이 애플 주식에 지불하는 1,000달러는 애플의 주머니가 아니라 해당 주식을 당신에게 팔기 전에 보유했던 개인이나 기관의 주머니로 들어간다.

당신이 원하지 않는 기업의 주식을 소유하는 일에 대해 윤리적 관점에서 고민할 수 있다. 하지만 앞서 언급한 것처럼 당신 자금이 그 회사의 운영 자금으로 들어가는 것은 아니다. 만약 시장에서 특정 기업을 더 이상 원하지 않으면 이러한 기업들은 시어스(Sears)나 코닥(Kodak) 사례처럼 회사 가치가 하락하고 결국에는 상장이 폐지되거나 파산한다.

계좌를 개설한 금융 기관에 도움을 청하라

증권 계좌에서 ETF를 매수하는 일은 간단하지만 몇 가지 알아두어야 할 세부 사항이 있다. 예를 들어 당신의 투자 자금으로 ETF 펀드의 몇 단위를 매수할 수 있을지 계산해야 한다. 또한 펀드의 거래 화면에 '매수 호가'와 '매도 호가'라는 두 가지 가격이 표시되는데 보통 몇 센트 차이가 난다. 매수할 때는 '매도 호가(높은 가격)'를,

매도할 때는 '매수 호가(낮은 가격)'를 참고해야 하는데 국제공항 환전소에서 외화를 사고파는 방식과 같다. 거래를 중계하는 회사는 이 몇 센트의 차이를 활용해 이익을 취한다.

이제 막 혼자서 투자를 시작했는데 증권 계좌를 개설하거나 ETF를 매수하는 과정이 두렵다면 첨단 기법은 아니지만 효과적인 해결책을 제안한다. 계좌를 개설한 금융 기관의 고객 서비스 부서에 전화하라. 담당 직원이 질문에 답하고 투자자로서 첫발을 내딛는 데 도움을 줄 것이다.

포트폴리오의 리밸런싱을 해야 할까?

지수 ETF 포트폴리오의 리밸런싱(rebalancing, 자산 배분 재조정)은 1년에 한 번 정도 자산의 일부를 매수 또는 매도하여 최초에 선택한 주식과 채권 비중을 맞추는 작업이다. 예를 들어 주식 60퍼센트, 채권 40퍼센트로 구성된 포트폴리오에서 주식이 크게 상승하면 1년 후에는 그 비율이 달라진다. 주식이 상승해서 포트폴리오의 비중이 주식 66퍼센트, 채권 34퍼센트로 바뀐 경우를 볼 수 있다. 그런 경우에는 투자자의 필요에 따라 주식 ETF를 일부 매도하고 채권 ETF를 일부 매수하여 최초의 비율인 60 대 40으로 조정이 가능하다.

리밸런싱의 장점은 주식 가치가 상승했을 때 주식을 매도하고 하락했을 때 매수하도록 유도한다는 것이다. 투자자가 임의로 자산을 재배분하는 일은 심리적으로 어렵기 때문에 위와 같은 리밸런싱은 유용한 작업이다. 그러나 리밸런싱의 주된 목적은 수익 극대화가 아니라 위험의 최소화다. 리밸런싱을 하지 않으면 어느 시점에 주식 비중이 채권 비중을 앞지를 수 있으며 주식 시장이 급격하게 하락할 때 문제가 될 수 있다.

리밸런싱의 또 다른 방법은 포트폴리오에 신규 자금을 추가해 비중이 낮은 펀드를 더 매수하는 것이다.

뱅가드의 창립자인 존 보글은 포트폴리오 리밸런싱을 적극적으로 지지하지 않았고 자신의 투자 포트폴리오를 리밸런싱 하지 않았다. 보글은 1826년 이래 미국 주식 50퍼센트와 채권 50퍼센트로 구성된 포트폴리오를 매년 리밸런싱 한 결과를 25년 간격으로 측정했는데 52퍼센트 확률로 수익률이 올랐다고 계산했다. "제 생각에는 이 정도 작은 차이는 통계적으로 의미가 없습니다." 그의 결론은 포트폴리오 리밸런싱 여부는 투자자 각자가 자유롭게 결정할 일이라는 것이다. "리밸런싱은 개인의 선택이지 통계로 검증할 수 있는 선택 사항이 아닙니다. 리밸런싱 한다고 해서 문제가 되지는 않겠지만, 제 경우에는 리밸런싱을 하지 않습니다. 주식 비율이 조금 바뀌었다고 해서 지나치게 걱정할 이유도 없습니다. 당신의 주식 비율이 50퍼센트에서 55퍼센트 또는 60퍼센트로 증가했더라도 … 스스로 판단하세요."[91]

온라인 주식 거래의 장점과 단점

장점

· 거래 비용이 가장 낮다.

· 모든 종류의 주식 및 채권 ETF 또는 인덱스 펀드 거래가 가능하다.

· 장기 투자에 적합하다.

단점

· 투자자의 나쁜 행동(시장 조정 시기에 매도, 불충분한 저축 및 투자)에 대한 제
  재나 경고가 없다.

· 거래를 하려면 약간의 학습이 필요하다.

· 전문가의 조언이 없다.

· 시장이 열려 있을 때만 거래가 가능하다(월~금, 오전 9시 30분~오후 4시, 공
  휴일 제외).

선택 2 로보어드바이저

온라인 증권 계좌를 통해 자신이 투자 관리를 하는 일을 어렵게
생각하는 투자자는 로보어드바이저(robo-advisors, 수학적 규칙이나 알고리
즘을 기반으로 디지털 금융 자문을 제공하고 온라인으로 투자 관리를 하는 재정 고문)를
활용할 수 있다. 로보어드바이저는 자동화된 디지털 플랫폼으로 휴

대폰만 있으면 누구나 ETF를 매매할 수 있다.

이러한 플랫폼으로 유명한 기관에는 뱅가드 개인 고객 디지털 어드바이저 서비스(Vanguard Personal and Digital Advisor Services), 슈와브 인텔리전트 포트폴리오(Schwab Intelligent Portfolios), 베터먼트(Betterment), 웰스프론트(Wealthfront) 등이 있다. 이런 서비스는 주로 젊은 투자자를 대상으로 하지만 모든 연령대의 투자자가 혜택을 받을 수 있다. 최초에 포트폴리오를 설정하면 프로그램에 따라 자동으로 투자가 이루어지므로 별도의 주의를 기울일 필요가 없다.

로보어드바이저의 가장 큰 장점은 단순하다는 점이다. 투자라는 어려운 작업을 계좌 간의 자금을 이체하는 일처럼 친숙하고도 간단하게 수행할 수 있도록 한다. 이들 플랫폼은 컴퓨터나 휴대폰으로 계좌를 개설할 때 투자 목표와 투자 가치 하락에 대한 위험 감내 정도를 확인하기 위해 몇 가지 질문에 대한 답을 요구한다.

투자자의 성향에 따라 플랫폼은 미국, 해외 및 신흥 시장의 주식과 채권을 대표하는 일련의 인덱스 ETF로 구성된 다각화된 포트폴리오를 제시한다. 그런 다음 투자 계좌에 돈을 입금하면 끝이다. 펀드를 매수했다가 매도할 필요도 없고, 주식과 채권 ETF의 비율을 원상 복귀하기 위해 포트폴리오를 리밸런싱 할 필요도 없다. 모든 일이 자동으로 처리된다. 또한 언제든지 자금을 인출할 수 있다. 은행의 증권 계좌와 마찬가지로 이러한 플랫폼을 통해 IRA, 비과세 IRA 및 기타 유형의 계좌도 개설할 수 있다.

로보어드바이저 플랫폼에서는 10년, 20년, 30년 후에 예상되는 투자 가치를 그래프로도 확인할 수 있다. 이 같은 서비스는 시장이 크게 하락한 시점에서도 투자자가 안심할 수 있는 요소가 된다. 예를 들어 3만 5,000달러를 투자한 투자자에게 자신의 투자가 10년 후 7만 달러, 20년 후 14만 달러, 30년 후 28만 달러가 된다는 것을 보여주면 시황이 안 좋다고 중간에 투자금을 모두 매도하고 싶을까? 이러한 플랫폼도 주식 시장이 폭락하는 기간에 투자자가 돈을 인출하는 것을 막지는 못하지만 적어도 매도하기 전에 한 번 더 생각하게 한다.

대부분의 로보어드바이저는 보통 1퍼센트 미만의 수수료를 부과한다. 슈와브 인텔리전트 포트폴리오와 같이 수수료는 없지만 최소 5,000달러를 계좌에 예치해야 하는 서비스도 있다.

로보어드바이저의 강점 즉, 투자 활동에서 인간을 배제하는 점은 아킬레스건이기도 하다. 사람들은 투자할 때 누군가와 의논하기를 원한다. 로보어드바이저 플랫폼도 이 점을 알고 고객이 자신의 포트폴리오 최적화에 관해 문의할 수 있도록 설계 자문사와 전화, 이메일, 화상 채팅을 예약할 기회를 제공한다. 보다 개인적인 일대일 상담을 원하는 투자자는 처음부터 끝까지 고객의 재무 상태를 분석하고, 상세한 보고서를 작성하고, 특정한 세금 또는 은퇴 계획과 관련하여 외부 독립 재무 설계사를 유료로 고용할 수 있다.

외부 독립 재무 설계사는 고객의 연령, 소득, 미래에 필요한 소득에 맞는 주식과 채권 간의 자산 배분을 제안할 수 있다. 고객은 로보어드바이저 또는 온라인 계좌에서 재무 설계사의 권고에 따라 포트폴리오를 설정할 수 있다. 외부 재무 설계사에게 생애 전반에 대한 재무 분석을 요청하려면 수천 달러의 비용이 들며 부동산과 같은 여러 유형의 투자 자산이 포함되면 비용은 더 늘어난다.

자동화된 자산 관리 플랫폼의 장단점

장점

· 수수료가 낮다.

· 클릭 한 번으로 다양한 ETF 포트폴리오를 구성한다.

· 간단하고 직관적인 인터페이스다.

· 전문가의 조언이 가능하다.

단점

· 나쁜 투자 행동(조정 시 매도)에 대해 중간 정도만 개입한다.

· 전문가(인간)의 조언에 대한 접근이 제한적이다.

선택 3 전문가를 활용하는 투자 방법

세 번째 옵션은 수수료는 제일 높지만 모든 면에서 가장 간단하고 안심할 수 있는 방법이다. 현실을 직시하자. 누구나 자신의 재산을 잘 관리하는 것은 아니기 때문에 전문가가 당신을 대신해 투자를 관리하는 서비스는 매력적이다. 나도 그 점을 충분히 이해하지만 이 책을 다 읽은 뒤에도 전문가를 활용하기로 결정한다면 우선은 투자자 스스로가 투자에 대한 완벽한 지식을 갖추어야 한다.

전문가에게 맡기려면 우선 전문가를 만나야 하고 당신의 투자 성과에 좀 더 깊은 관심을 가져야 하는 등 앞서 언급한 두 가지 옵션에 비해 더 많은 시간을 투입해야 한다. 당신의 투자가 어떻게 진행되고 있는지를 파악하고 시장을 깊이 아는 전문가가 문제없이 잘 운용하고 있다는 안심을 하려면 그 정도 시간 투자는 당연하다.

다음은 투자 관리에 도움을 주는 회사 및 전문가 유형인데 전체 목록을 모두 다루지는 않았다.

투자 고문

투자 고문은 고객에게 자문을 제공하고 투자를 관리하는 대가로 돈을 받는 개인 또는 회사다.

금융 산업 규제청(FINRA, Financial Industry Regulatory Authority)에 따르면 투자 고문은 자산 관리자, 투자 상담사, 투자 매니저, 포트폴리오 매니저, 재산 관리자 등 다양한 이름으로 불린다. 인증받은 투자 자문 회사(RIA, registered investment advisor firm)의 투자 고문은 고객에 대한 신의 성실의 의무가 있으며 가장 높은 수수료가 부과되는 상품이 아니라 고객의 요구에 가장 적합한 상품을 추천해야 한다. 1억 1,000만 달러 이상의 고객 자산을 관리하는 투자 고문은 미국 증권거래위원회(SEC)에 등록해야 한다.

이 분야의 자격 요건은 국제 공인 재무 분석사(CFA, Chartered Financial Analyst)다. CFA는 취득하기가 어려워서 투자에 자문하는 사람이 유능하고 지식이 풍부하다는 점이 보장된다. 2019년 기록에 의하면 투자 고문은 연간 관리 대상 자산의 1.17퍼센트에 해당하는 자문 수수료를 부과했다.[92] 일부 투자 고문은 재무 설계에 도움을 주는 대가로 1회에 한 해 수천 달러의 수수료를 청구하는데, 이는 전체 투자 금액에서 연회비 형식으로 매년 수수료를 지불하는 방식에 비해 저렴하다. The National Association of Personal Financial Advisors(NAPFA) 웹사이트에서 수수료만 받는 투자 고문을 검색할 수 있다.

재무 설계사

재무 설계사는 재정, 세금, 은퇴, 부동산, 투자, 보험 및 기타 분야에 대한 조언을 제공한다. 재무 설계사는 고객의 요구 사항, 제약 조건 및 목표에 맞는 투자 계획을 설계한다. 투자, 보험, 기타 금융 상품을 판매할 수도 있다.

재무 설계사 업계에는 자체적인 규제 기관이 없다. 일부 설계사는 미국 공인 재무 설계사 협회(Certified Financial Planner Board of Standards)

에서 발급하는 공인 재무 설계사(CFP, Certified Financial Planner)와 같은 자격증을 보유한다. 금융 산업 규제청에 의하면 "공인 재무 설계사 자격은 최소 3년의 경력이 필요하고 자격 취득 및 유지에 엄격한 기준을 적용하며 투자자가 CFP라고 주장하는 사람의 자격을 확인할 수 있고 징계 절차가 있다"라고 규정되어 있다.[93] 일부 재무 설계사는 수수료만 받고 서비스를 제공하며 추천하는 금융 상품에 별도의 수수료는 부과하지 않는다.

회계사

금융 산업 규제청에 따르면 회계사는 "세금 및 재무 계획, 세금 보고, 감사, 경영 컨설팅 등의 분야에서 개인과 기업에 전문적인 지원을 제공"하도록 교육받는다. 회계사는 공인 회계사(CPA, Certified Public Accountant) 자격증을 소지해야 한다. 일부 회계사는 투자 상품을 판매하기도 하지만 주로 미국 세법을 전문적으로 다룬다.

패밀리 오피스

돈이 아주 많은 초부유층은 재무 계획, 보험, 자선 기부, 유산 계획, 세금 계획 등에 대한 도움이 필요하다. 이 경우에는 패밀리 오피스가 필요하다. 단일 패밀리 오피스는 초부유층 한 가족에게만 서비스를 제공할 수 있지만 복수 패밀리 오피스(MFO)는 여러 가족에게 서비스를 제공할 수 있다. 한 연구에 따르면 미국의 패밀리 오피

스는 연간 최소 9만 2,897달러의 수수료를 부과한다.[94]

전문가를 활용할 때의 장단점

장점

· 한 사람이 투자를 관리한다.

· 개인화된 서비스다.

· 세금이 최적화되어 있다.

· 나쁜 투자 행동(조정 시 매도)에 강도 높은 개입이 가능하다.

· 더 많이 저축하고 투자하도록 장려한다.

단점

· 잠재적으로 높은 수수료가 부과된다.

· 지수 ETF에 대한 접근을 제한한다.

· 투자자의 이익과 금융 기관의 이익이 상충된다.

투자 고문, 자산 관리자, 재무 설계사 등 어떤 전문가와 거래하든 거래를 시작하기 전이나 거래를 지속하려면 사전에 투자 전문가를 테스트하는 것이 좋다. 선호하는 투자 방식이 수수료가 아주 낮은 지수 ETF로 구성된 다각화된 포트폴리오라고 제안해 보자. "좋습니다!" "이미 그렇게 구성했어요!"라는 대답이 돌아오지 않는다면

다른 전문가를 찾아보아야 한다.

일부 전문가는 업계 전통 주력 상품인 뮤추얼 펀드를 권할 가능성이 있다. 그들에게 이 책에서 설명하는 개념에 대해 질문하고 토론해 보자. 또한 그들의 주장을 뒷받침할 수 있는 자료 출처 제시를 요청하라. 물론 그들에게 보수를 지급하는 회사에서 제작한 홍보 자료는 제외해야 한다.

어떤 투자 방법을 선택하든 중요한 것은 첫걸음을 디딘 후 일을 복잡하게 만들지 않는 것이다. 미국 여자 마라톤 챔피언이며 올림픽 금메달리스트인 조안 베누아(Joan Benoit)는 수많은 대회에서 우승한 비결을 묻는 질문에 집을 나서서 진입로 끝까지 간 다음에 좌회전 또는 우회전한다고 답했다.

"달리기에 대한 저의 철학은 이겁니다. 생각하지 않고 실행한다."

황소와 상어

달에 이르는 길은 그렇게 먼 길이 아니다. 가장 먼 길은 마음속 자신을 찾아가는 길이다.

- 아나이스 닌(Anaïs Nin)_작가

수년 전 매사추세츠주의 케이프 코드(Cape Cod) 해변에서 가족과 휴가를 보내던 중 백상아리를 보았다. 인명 구조 요원들은 상어로 부터 사람들을 보호하기 위해 효과적인 시스템을 개발했다. 수 마일에 달하는 해변을 따라 일정한 간격으로 구조 요원을 배치해 쌍안경으로 수평선을 지켜본다. 상어를 발견하면 동료들과 무전으로 연락을 취한다. 해안 곳곳에서 호루라기를 불고 수영 금지 깃발을 게양하며 수천 명의 수영객은 한 시간 동안 물 밖으로 나와야 한다.

수영을 금지하는 시간에 한 무리의 휴가객이 바다로 뛰어가는 모습을 보았다. 호기심에 우리도 따라 뛰어들었다. 우리와 약 15미터 정도 떨어진 곳에서 회색 지느러미가 파도를 가르며 다가왔고 해변에서는 영화에서처럼 겁에 질린 비명이 들렸다.

상어는 크고 무섭기는 하지만 인간에게 위협을 가하는 동물 가운데 우선순위가 높지는 않다. 당신은 황소가 상어보다 더 많은 사람을 죽인다는 사실을 아는가? 전 세계적으로 상어에게 공격을 받아 숨지는 사망자는 매년 평균 5명에 불과하지만 황소의 발에 차이거나 짓밟혀 숨지는 사망자는 연평균 22명이다. 황소가 상어보다 네 배나 더 많은 사람을 죽인다. 상어는 무섭기 때문에 상어의 공격은 매번 전 세계 언론의 헤드라인을 장식한다. 하지만 황소는 무섭지 않다.

황소와 상어의 역설은 투자에도 반영된다. 투자와 관련하여 당신의 두려움은 엉뚱한 곳을 향한다. 상어(시장 폭락, 기회 상실, 다가올 경기 침체 등)를 두려워하지만 사실은 그보다 훨씬 덜 눈에 띄는 위험(크게 오를 거라고 믿는 주식의 선별 매수, 투자를 망설이고 기다리기, 주식 시장의 폭락을 예측하고 매도, 높은 수수료 지불 등)이 더 심각한 피해를 입힐 수 있다.

'상어' 유형의 위험은 눈에 잘 띈다. 이러한 위험이 나타나면 당신은 몸의 모든 세포가 주의를 기울인다. 반면에 '황소' 유형의 위험은 눈에 잘 띄지 않는다. 거의 언급도 되지 않는다. 이러한 위험은 해결해야 할 과제지만 당신에게 감흥을 줄 만한 요인은 아니다. 그 때문에 단순히 무시된다.

내가 상어와 황소의 비유를 좋아하는 이유는 상어의 이미지가 종종 금융 세계를 연상시키기 때문이다. 이익이 된다면 자신의 어머니에게도 주저하지 않고 의심스러운 금융 상품을 팔아넘기는 야심 찬 전문가는 마치 상어와 같다. 하지만 이 책에서 볼 수 있듯이 대부분의 상어는 자신의 투자 잔고에는 관심 없고 풀을 뜯어 먹으면서 기차가 지나가는 것을 무심하게 지켜보는 황소보다 수익률이 낮다.

우리는 위험의 종류를 구분하는 데 어려움을 겪는다. 위협적으로 보이는 것이 항상 위험한 것은 아니다. 그리고 실제 위험은 종종 구별하기 어렵다. 예를 들어 당신은 주식 시장 폭락과 같은 극적인 시나리오를 두려워하지만 사실은 충분하지 않은 저축과 충분하지 않은 투자 같은 일상적인 시나리오가 훨씬 더 큰 피해를 줄 수 있다. 매일같이 상승과 하락을 반복하는 3만 달러의 투자 포트폴리오에 집착하는 투자자는 자신이 6,000달러를 추가 불입하면 그 즉시 투자금이 20퍼센트 증가한다는 사실을 깨닫지 못한다. 투자 초기에 가장 큰 위험은 자산이 줄어드는 것이 아니라 충분한 투자를 하지 않는 일이다. 시장이 알아서 해 줄 것이라고 기대했다가 그렇지 않으면 당황한다.

인간의 뇌는 투자를 잘하도록 만들어지지 않았다. 불확실성을 피하고 안정을 추구하도록 만들어져 있다. 투자 가치가 상승하면 엔도르핀이 솟구치고 밝은 미래를 상상하지만 갑자기 하락하면 두려움과 의심이라는 영원한 동반자에게 이끌린다.

누구나 실수한다

구글의 공동 창립자 래리 페이지(Larry Page)와 세르게이 브린(Sergey Brin)의 이야기에서 흥미로운 한순간을 나는 기억한다. 1999년 실리콘밸리에 있는 차고에서 6명에 불과한 직원들이 베이지색 컴퓨터를 앞에 두고 일하던 시절, 페이지와 브린은 회사를 매각하고 싶었다. 그들은 중개인을 통해 당시 인터넷 포털 시장을 장악하고 있던 익사이트(Excite)의 대표에게 구글을 100만 달러에 매각할 용의가 있다고 전했다. 그들의 제안은 거절당했다. 그러자 이번에는 75만 달러를 제안했다. 그 제안도 또다시 거절당했다.

오늘날 페이지와 브린 모두 세계 10대 부자로 둘의 총재산이 2,000억 달러에 육박한다. 수정 구슬을 가진 투자자는 없다. 당신도, 나도 마찬가지다. 익사이트의 대표도, 구글의 공동 창업자들도 마찬가지다.

앞부분에서 대부분의 투자 전문가들은 고객에게 자신의 도움 없이 투자하는 것을 권장하지 않는다고 언급했다. 나도 그들 전문가의 권고에 동의하지만 그들이 주장하는 것과 같은 이유는 아니다.

> 나는 책임이 아니라 자산을 축적하고 싶다.
>
> - 제임스 클리어(James Clear)_작가 겸 투자자

나는 자기 주도적인 투자자가 되고 싶지 않은 사람은 독자적인 투자를 하면 안 된다고 생각한다. 많은 돈을 관리하는 데 익숙하지 않고 실수할까 두려워하고 잘못된 펀드를 고를까 두려워한다. 자신의 능력에 믿음이 없기 때문이다. 비난할 일이 아니라 지극히 당연한 현상이다. 하지만 동시에 나는 많은 사람들이 자신의 투자를 스스로 관리할 수 있다고 믿는다. 여기까지 책을 읽었다면 당신은 확실히 그러한 그룹의 일원이므로 축하한다!

특정 상황에 맞추어 자신의 행동을 조정하는 인간의 능력은 종종 과소평가된다. 예를 들어 코로나19 팬데믹 위기 와중에 언론은 공중 보건 지침에도 불구하고 사람들이 모이고, 마스크 없이 축하 행사를 하고, 이러한 자유를 빼앗기는 것에 항의하는 사람들의 이야기를 끊임없이 보도했다. 하지만 미디어 뒤편에는 바이러스 확산을 늦추기 위해 전례 없이 재빠르게 일상의 행동을 바꾼 전 세계 수십 억 명의 사람들이 있었다.

직원과 고객을 보호하기 위해 하룻밤 사이에 재택근무로 전환한 수백만 개의 사업체와 기업도 잘 알려지지 않았다. 아시아 이외의 지역에서는 거의 볼 수 없었던 공공장소에서의 마스크 착용이 시카고에서 시드니까지 보편화되었다. 인간은 학습한다. 그리고 적응한다. 심지어 학습은 인간이 가장 잘하는 일이다!

기하급수적 측면과 수동적 측면

내가 왜 투자 세계에 관심을 가지게 되었는지는 스스로에게도 설명하기 어렵다. 이 분야를 전공하지도 않았고 부모님과 가족도 금융에는 관심이 없다. 경제 뉴스에 접하는 시간도 많지 않다. 나는 미국 연방 기금의 기준 금리(U.S. Fed Funds Rate)가 무엇을 말하는지 잘 모른다. 또한 명품, 멋진 자동차, 호화로운 휴가나 고급스러운 옷에도 매력을 느끼지 못한다.

그렇다면 돈과 그 돈을 불리는 모범 투자 사례에 관심을 가지는 이유는 무엇일까? 나는 투자의 수동적 측면과 기하급수적 측면이라는 두 가지 극단의 조합에 매력을 느낀다. 나는 직장을 다니며 월급을 받는다. 일단 투자를 시작하면 내 투자금도 일을 하고 돈을 번다. 15년 또는 20년이 지나면 내 투자금이 버는 돈이 내가 받는 월급과 거의 비슷해진다. 이 사실이 나를 떨리게 한다.

현명하게 투자하면 오히려 투자에 관심을 두지 않아도 된다는 점도 마음에 든다. 2,000여 년 전에 로마의 철학자 세네카는 조련사가 사자의 입에 손을 넣거나 호랑이에게 키스를 하는 것처럼 인생의 부정적인 사건에 대한 자신의 반응을 통제할 수 있어야 한다고 말했다. "현명한 사람은 불행을 길들이는 데 능숙한 전문가입니다. 고통, 가난, 불명예, 투옥, 추방은 누구나 두려워하는 일입니다. 그러나 현명한 사람을 만나면 그들은 길들여집니다."

사무실 벽에 붙어 있는 이 명언은 주식 시장이 폭락할 때마다 나와 함께했다. 수년 전에 겪은 폭락은 나를 두렵게 했지만 가장 최근에 겪은 폭락에는 무심할 수 있었다. 입을 벌리고 포효하는 호랑이처럼 화면에 나타나는 빨간색 숫자는 당신을 겁주고 이에 반응하게 하려고 온갖 노력을 다한다. 당신이 해야 할 일은 "고맙지만 효과가 없습니다. 시도는 좋았어요. 죄송합니다"라고 말하는 거다.

마지막으로 주식 투자는 내가 개인적으로 어떤 사람인지에 대해 즉 자존심, 학위, 연봉, 태어난 곳, 집의 크기, 자동차 브랜드에 관심이 없다는 사실이 마음에 든다. 시장의 눈에는 이 모든 것이 중요하지 않다. 투자에 있어서는 고등학교 중퇴자가 비즈니스 스쿨을 졸업한 임원보다 더 성공할 수 있다. 그런 일이 가능할 뿐만 아니라 흔한 일이라는 사실이 끊임없이 나를 매료시킨다.

자기 연민에 빠지지 말라

앞에서 억만장자 워런 버핏의 오른팔인 찰리 멍거를 여러 번 언급했다. 99세로 타계한 찰리 멍거는 우리 시대의 위대한 투자자 가운데 한 명이다. 그의 연설을 듣거나 읽는 일은 언제나 즐겁다. 그는 학식이 아주 풍부하고 누구나 인용하는 수많은 명언을 남겼다. 하지만 그의 삶은 험난한 시련의 연속이었다.

1953년 29세의 변호사였던 찰리 멍거는 첫 번째 아내와 이혼했다. 당시 부부에게는 3명의 어린 자녀가 있었다. 이혼은 엄청난 충격이었다. 찰리는 집을 포함해 거의 모든 것을 잃었다. 그는 대학 기숙사에서 살면서 자신의 자녀들마저 흉을 볼 정도로 덜덜거리는 자동차를 몰고 다녔다.

1년 후, 아들 테디가 당시에는 완치가 불가능했던 혈액암인 백혈병 진단을 받았다. 찰리는 '지구상에서 가장 슬픈 장소'인 캘리포니아의 패서디나(Pasadena)에 있는 병원의 아동 호스피스 병동으로 테디를 옮겨야 했다. 찰리와 전 부인은 매일같이 병상에 누워 있는 아들의 병문안을 갔는데 테디는 점점 쇠약해지고 있었다. 한 친구가 들려준 말에 따르면 찰리는 병원에 들어가 어린 아들을 안아 주고 밖으로 나와서는 패서디나의 거리를 울면서 걸었다고 한다. 이듬해 테디 멍거는 아홉 살의 나이로 세상을 떠났다. 31세의 찰리는 이혼한 상태였고, 아들을 막 잃었고, 파산했고, 엄청난 병원비도 지불해야 했다.

멍거의 파란만장한 삶에 관한 에세이에서 저자 샤팔 니브샥(Safal Niveshak)은 "당시 주변의 대다수 사람들이 그랬던 것처럼 모든 것을 포기하고 악의 세상(술, 마약)으로 빠져들고 싶은 유혹이 있었을 것이다. 하지만 찰리는 그런 사람이 아니었고 계속 앞으로 나아갔다"라고 썼다.[95]

몇 년 후인 1959년, 찰리는 만찬 자리에서 워런 버핏을 만났다.

두 사람은 서로를 보자마자 함께 일할 운명이라는 것을 알았다. 워런과 찰리는 현재 35만 명 이상의 직원과 2,750억 달러 이상의 연 매출을 올리는 세계 최대 기업 가운데 하나인 버크셔 해서웨이 그룹을 설립했다. 찰리는 재혼하고 새 부인과 4명의 자녀를 더 낳았다.

이후에도 불운은 찰리를 떠나지 않았다. 50대에는 백내장 수술이 잘못되어 왼쪽 눈을 실명했다. 독서는 그가 가장 좋아하는 취미였고 배우고 성장하려는 모든 사람의 의무라고 생각했던 그에게 이일은 받아들이기 어려웠다. 실명한 눈이 너무 아파 의안으로 교체해야 했다.

찰리 멍거는 몇 년 전 서던캘리포니아 대학(USC)의 법대 졸업생을 대상으로 한 연설에서 자신이 겪은 불행에서 얻은 교훈 중 하나는 결코 자책하지 말라는 것이었다고 말했다. "시기, 분노, 복수, 자기 연민은 대체로 재앙적인 생각입니다.""자기 연민에 빠질 때마다 그 원인이 무엇이든, 자녀가 암으로 죽어 가고 있더라도, 자기 연민은 상황을 개선하지 못합니다. 어리석은 행동입니다. 인생에는 무서운 일, 끔찍한 일, 불공평한 일이 닥칠 수 있습니다. 어떤 사람은 극복하고 어떤 사람은 극복하지 못합니다. … 인생의 모든 불운은 무언가를 배울 수 있는 기회이며 여러분의 의무는 자기 연민에 빠져들지 않고 끔찍한 충격을 건설적인 방식으로 활용하는 것입니다."[96]

중요한 점은 항상 다시 일어서는 일이라고 찰리는 말한다. 완벽한 인생은 없다. 이 교훈은 우리 삶의 전반은 물론이고 투자에도 적용된다. 투자에 실패할 수 있다. 중요한 점은 이를 통해 배우고 고개를 들고 계속 전진하는 것이다. "나는 희생자라는 표현을 좋아하지 않습니다"라고 찰리 멍거가 말한 적이 있다. "나는 피해자가 아닙니다. 나는 생존자입니다."

효과적인 해결 방안

이 책의 서두에서 『셜록 홈즈의 모험』의 저자 아서 코난 도일의 명언을 인용했다. 당신도 이 유명한 탐정의 입장이 되어 보라고 권하고 싶었다. 셜록 홈즈라면 어떤 식으로 투자 세계에 접근했을까?

나는 홈즈가 모든 사실을 파악하고 몇 가지 의문점에 추가로 답을 구한 후, 고액의 수수료를 받는 뮤추얼 펀드 판매원을 지나쳐 지수 ETF 포트폴리오에 투자하기로 결정한 뒤, 모든 걸 잊고 다음 수사로 넘어가는 모습을 상상해 본다.

이 책을 읽으면서 누군가는 이미 마음을 정했다고 말할지도 모른다. 다른 모든 주식 투자 방식은 무시하고 ETF에만 전념하기로 했다고 말이다. 분명히 말하지만 나는 특정한 철학이나 투자 기법의 영향을 받은 적이 없다. 오직 사실에 근거한다. 머리말에서 설명했듯이 내가 이 책에서 제시하는 답을 먼저 염두에 두고 탐구를 시작한 건 아니다. 오랫동안 정보를 축적하고 때로는 굴욕적인 실수를 저지르면서도 여기서 밝힌 원칙을 고수했다.

이 책은 당신이 무엇을 해야 할지를 알려주려는 것이 아니다. 다만 객관적인 연구와 엄격한 조사를 통해 다른 어떤 방법보다 인상적이고 신뢰할 수 있는 결과를 도출한 투자 방법을 제시한 것이다. 일부 사람들에게는 "ETF를 매수하고 계속 이어가라"는 조언이 유효한 해결책이 아니라는 점을 안다. 만족스럽지도 않고 자신이 누구인지 인생에서 무엇을 성취하고자 하는지를 반영하는 철학이 아니기 때문이다. 그와 같은 투자자에게 유망 종목을 선별하는 적극적 방식의 투자를 하지 말라는 이야기도 아니다. 다만 시장 지수의 수익률을 초과(연간 1~2%라도)하는 일은 아주 이례적인 경우라서 몇 년 이상 지속하기 어려우며 성공 사례는 드문 반면 실패 사례가 더 많다는 점을 알았으면 한다.

세상과 조금 떨어진 곳

어렸을 때부터 호수에 들어가 숨을 참으면서 얼마나 오래 물속에 머무르는지 세는 놀이를 좋아했다. 숨을 참으면서 느낄 수 있는 평온함과 통제감이 좋았다. 매번 시도할 때마다 조금씩 기록이 나아진다는 것을 알았기 때문이다. 숨을 쉬지 않고 3분째에 접어들면 1미터 깊이의 물이 나와 바깥 공기를 분리하면서 내 몸이 나를 살리기 위해 노력하고 있는 모습을 느낀다. 물속에서 나는 세상과 분리된 동시에 세상의 일부가 된다.

투자도 비슷한 경험이다. 당신을 반응하게 만드는 모든 일에서 떨어져 침착함을 유지하고 가능한 한 동요하지 않는 법을 배워야 한다. 감정이 당신을 지배하지 않도록 해야 한다. 세상과 조금 떨어져서 보아야 모든 것이 더 분명해진다는 것을 깨달아야 한다. 무엇보다도 고요한 물속으로 뛰어든 후 천천히, 고요히 신선한 공기를 들이마시기 위해 수면으로 떠오르는 순간을 늦추는 일에 희열을 느껴야 한다.

'10년 전 혹은 30년 전에 내가 이 책을 읽었다면 어땠을까?'

책을 처음 접하고 머리말을 읽으면서 든 생각이다.

늦깎이로 대학원에 들어가 주식 시장에서 개별 종목의 포트폴리오가 전체 시장(지수)을 이길 수 없다는 유진 파마(Eugene Fama) 교수의 효율적 시장 가설을 배우긴 했다. 하지만 단순히 학문적인 주장일 뿐이라고 생각했고, 현실에서 이를 적용하여 인덱스 펀드와 지수 ETF가 주식 투자의 대세가 되고 있다는 사실은 몰랐다.

책을 통해 노후에 연금으로 받을 요량으로 투자한 펀드의 성과가 어째서 형편없는 수준인지 그 이유를 드디어 알게 되었다. 금융감독원 홈페이지에 게재된 비교 공시를 보면 연금 저축의 경우 적립금 규모 기준 10대 운용사 가운데 4개 사의 지난 10년 간 수익률이 그들이 가져간 수수료보다 낮았다. 10대 운용사의 10년간 연평균 수익률은 1.8퍼센트인 반면, 수수료율은 1.4퍼센트였다. 내가 펀드를 잘못 고른 게 아니라는 생각에 안도하긴 했다.

그렇지만 같은 기간 KOSPI 지수는 최근의 조정을 겪고서도 약 28퍼센트(연평균 2.5%)가 상승했고, S&P 500 지수는 124퍼센트(연평균 8.4%)나 상승했다.

저자는 자신의 투자 경험, 주식 시장의 역사 그리고 각종 실증 자료를 바탕으로 전체 시장의 지수를 추종하는 인덱스 펀드나 지수 ETF에 투자하는 패시브 투자 방식의 장점을 설득력 있게 설명하고 추천한다. 거래 수수료가 상대적으로 낮거나 거의 없고, 10년 이상 장기간 투자하면 상당한 수익을 거둘 가능성이 높으며, 투자 이후에 노심초사하면서 매일같이 계좌를 들여다볼 필요가 없기 때문이다. 따라서 노후에 대비하여 금융 자산을 늘리려는 투자자들이 반드시 배우고 따라야 할 교훈이다.

이 책의 내용은 대부분 미국 주식 시장의 데이터를 근거로 한다. 가계 자산 가운데 주식을 포함한 금융 자산의 비중이 낮고, 미국 시장 대비 부진한 성과를 보이고 있는 국내 주식 시장을 감안하면 우리의 사정과 다를 수 있다. 하지만 미국 시장에 관심을 갖는 투자자들이 점점 많아지고 있는 상황을 감안할 때 현장감 있는 유용한 정보가 많아 통찰을 얻을 수 있는 귀한 책이다.

특히 청년들이 장기 투자를 계획할 때 패시브 투자 방식의 유효성에 대해 기본 개념을 정립하는 소중한 자료가 될 것으로 보인다. 지난 30년 이상 주식과 펀드에 관심을 가져온 내 경우에도 거래 금융 기관은 물론 주변에서 패시브 투자 방식을 알려주거나 권장한 사례가 전혀 없었다. 좀 더 일찍 이런 정보와 가이드를 얻었다면 지금까지 해왔던 것보다 훨씬 안전하고 성과 높은 투자가 가능하지 않았을까 하는 아쉬운 마음이 든다.

주식 고수들은 물론, 주식을 시작한 지 얼마 안 된 투자자들, 특히 초반에 고배를 마신 투자자에게 일독을 권한다. 분명 부를 얻는 지혜를 구하게 될 것이다.

- 번역가 안희준

참고문헌

1. Michael Lewis, The Big Short: Inside the Doomsday Machine, W. W. Norton & Company, 2010.

2. Gregory Zuckerman, The Greatest Trade Ever: The Behind-the-scenes Story of How John Paulson Defied Wall Street and Made Financial History, Crown Business, 2009.

3. Rupert Hargreaves, "Warren Buffett: Learn From Your Mistakes and Move Forward", Yahoo Finance, October 16, 2018.

4. Steven Novella, "Lessons from Dunning-Kruger", NeuroLogica blog, November 6, 2014.

5. Andrew Odlyzko, "Newton's financial misadventures in the South Sea Bubble", Notes and Records, August 29, 2018.

6. Ibid.

7. Independent publication, 2021.

8. Andrew Edgecliffe-Johnson, "Lunch with the FT: Henry Blodget", Financial Times, November 15, 2013.

9. William Green, Richer, Wiser, Happier: How the World's Greatest Investors Win in Markets and Life, Scribner, 2021, p. 3.

10. Burton Malkiel, A Random Walk Down Wall Street: The Time-Tested Strategy for Successful Investing, W. W. Norton, 2009, p. 264.

11. Warren Buffett, Berkshire Hathaway shareholder letter, 2008, p. 16.

12. SPIVA website, consulted by the author on October 13, 2022.

13. "Missing Out: Millennials and the Markets", Ontario Securities Commission, November 27, 2017.

14. "Our results", Caisse de dépôt et placement du Québec website, 2021.

15. "Harvard's billion-dollar farmland fiasco", GRAIN report, September 6, 2018.

16. Tim Edwards et al, "SPIVA Institutional Scorecard Year-End 2021", S&P

Global, September 8, 2022.

17. Gregory Zuckerman, "This Is Unbelievable: A Hedge Fund Star Dims, and Investors Flee", The Wall Street Journal, July 1, 2018.

18. Burton Malkiel, Random Walk, p. 167.

19. David R. Harper, "Hedge Funds: Higher Returns or Just High Fees?" Investopedia, April 12, 2021.

20. Raymond Kerzérho, "The Terrible Truth about Hedge Funds", PWLCapital, August 23, 2021.

21. Warren Buffett, Berkshire Hathaway shareholder letter, 2016, p. 24.

22. Hendrik Bessembinder, "Do Stocks Outperform Treasury Bills?" Arizona State University, August 22, 2017.

23. Thomas Macpherson, "Bessembinder Rocks the Investment World", GuruFocus, October 19, 2017.

24. Ben Carlson and Michael Batnick, "A Random Talk with Burton Malkiel", Animal Spirits podcast, October 2, 2020.

25. Ibid.

26. Stephen J. Dubner, "The Stupidest Thing You Can Do With Your Money", Freakonomics podcast, September 21, 2017.

27. John C. Bogle, The Little Book of Common Sense Investing: The Only Way to Guarantee Your Fair Share of Stock Market Returns, Wiley, 2017, p. 184.

28. Warren Buffett, op. cit., p. 24.

29. Ben Carlson and Michael Batnick, op. cit.

30. Stephen A. Jarislowsky, Dans la jungle du placement, Les Éditions Transcontinental, 2005, p. 27.

31. Tim Edwards et al, "The Volatility of Active Management", S&P Global, August 2016.

32. Emmie Martin, "Warren Buffett wants 90 percent of his wealth to go to this one investment after he's gone", CNBC, February 27, 2019.

33. Charles V. Harlow and Michael D. Kinsman, "The Electric Day Trader and

Ruin", Pepperdine Graziadio Business Review, 1999.

34. Brad M. Barber et al, "Trading Is Hazardous to Your Wealth: The Common Stock Investment Performance of Individual Investors", The Journal of Finance, April 2000.

35. William Bernstein, The Four Pillars of Investing: Lessons for Building a Winning Portfolio, McGraw-Hill, Kindle version, 2010, p. 216.

36. John Bogle, The Little Book of Common Sense Investing, Wiley, 2017, Kindle format.

37. Ibid., p. 168.

38. Roger Collier, "The challenges of physician retirement", Canadian Medical Association Journal, January 16, 2017.

39. Ibid.

40. Daniel Solin, "Why Smart Doctors and Dentists Make Dumb Investors", AOL, December 23, 2009.

41. Jonathan Satovsky, "Smart People Can Make Stupid Investing Decisions", Forbes, August 16, 2012.

42. Oliver Sung, "Charlie Munger: 2021 Daily Journal Annual Meeting Transcript", Junto Investments, February 26, 2021.

43. Jason Zweig, "False profits", Jasonzweig.com, June 23, 2015.

44. David Zuckerman, "Initial Public Offerings Historical Returns", Financial Planning Association, January 31, 2012.

45. Ibid.

46. Alessio Emanuele Biondo et al, "Are Random Trading Strategies More Successful than Technical Ones?" PLoS ONE, July 11, 2013.

47. Retirement 101, "Returning to the Original Strategy", July 15, 2020.

48. Ibid.

49. Andrew Hallam, Millionaire Teacher: The Nine Rules of Wealth You Should Have Learned in School, Wiley, 2017.

50. Andrew Hallam, "Do I Regret Selling Stocks Worth $700,000?" Andrewhallam.com, September 2, 2011.

51. Claire Boyte-White, "How Dividends Affect Stock Prices", Investopedia, July 26, 2020.

52. Simon Sinek, The Infinite Game, Penguin, 2019, p. 12.

53. Fox Butterfield, "From Ben Franklin, a Gift That's Worth Two Fights", The NewYork Times, April 21, 1990.

54. Stephan A. Schwartz, "Ben Franklin's Gift that Keeps on Giving", American History, February 2009.

55. Myles Udland, "Fidelity Reviewed Which Investors Did Best And What They Found Was Hilarious", Business Insider, September 4, 2014.

56. Jim O'Shaughnessy, "Jason Zweig – Psychology, History & Writing", Infinite Loops podcast, January 28, 2021.

57. "The Theft That Made The 'Mona Lisa' A Masterpiece", NPR, July 30, 2011.

58. Jennifer Booton, "Jim Cramer doesn't beat the market", MarketWatch, May 16, 2016.

59. Josh Brown, "Why I don't wake up to the news", thereformedbroker.com, June 4, 2019.

60. Ibid.

61. Benjamin Graham, The Intelligent Investor:The Definitive Book on Value Investing, Harper Business, p. 48.

62. "The 2018 forecast: rising risks to the status quo", Vanguard Canada, December 7, 2017.

63. Joe Chidley, "Gut feeling: U.S. rally will fizzle, Chinese stocks will surge and TSX will climb higher in 2017", Financial Post, December 29, 2016.

64. Guru Grades, CXO Advisory Group, https://www. cxoadvisory.com/gurus.

65. Larry Swedroe, "You Make More Money Selling Advice Than Following It", CBS News, May 20, 2010.

66. Craig Botham and Irene Lauro, "Climate change and financial markets", Schroders, February 2020.

67. Swiss Re Institute, "The economics of climate change: no action not an

option", April 2021.

68. Christopher Flavelle, "Climate Change Could Cut World Economy by $23 Trillion in 2050, Insurance Giant Warns", The New York Times, April 22, 2021.

69. Nicolas Bérubé, "Un optimiste dans la grisaille", La Presse Affaires, February 19, 2013.

70. Ibid.

71. Walter Isaacson, Benjamin Franklin: An American Life, Simon & Schuster, 2003, p. 267.

72. Dana Anspach, "How to Handle Stock Market Corrections", The Balance, December 1, 2020.

73. Thomas Franck, "Here's how long stock market corrections last and how bad they can get", CNBC, February 27, 2020.

74. David Koenig, "Market Corrections Are More Common Than You Might Think", Charles Schwab Intelligent Portfolios, February 25, 2022.

75. Morgan Housel, The Psychology of Money, Harriman House, 2020, p. 160.

76. Ben Carlson, "All-Time Highs Are Both Scary & Normal", A Wealth of Common Sense, November 29, 2019.

77. Ben Carlson, "2018 vs. 2019 in the Stock Market", A Wealth of Common Sense, January 21, 2020.

78. Ben Carlson, "What Happens After the Stock Market is Up Big?" A Wealth of Common Sense, April 11, 2021.

79. Garth Turner, "Suck it up", Greaterfool, April 15, 2021.

80. William Green, Richer, Wiser, Happier, p. 75.

81. H. Nejat Seyhun, "Stock market extremes and portfolio performance", Towneley Capital Management, 1994.

82. Warren Buffett Investment Strategy, Plan For 2020, YouTube, December 4, 2019.

83. Nick Maggiulli, "Why Market Timing Can Be So Appealing", Of Dollars And Data, January 20, 2020.

84. Patrick O'Shaughnessy, "Trail Magic – Lessons from Two Years of the Podcast", Invest Like the Best podcast, September 18, 2018.

85. Ron Lieber, "Les femmes, meilleures que les hommes?" La Presse, October 30, 2021.

86. Nicholas Hyett, "Do women make better investors?" Hargreaves Lansdown, January 29, 2018.

87. Jason Zweig, "Just How Dumb Are Investors?" The Wall Street Journal, May 9, 2014.

88. John C. Bogle, "The Arithmetic of "All-In" Investment Expenses", Financial Analysts Journal, 2014.

89. Brett Arends, "The inventor of the '4% rule' just changed it", MarketWatch, October 22, 2020.

90. Phillip Brzenk, "The Impact of the Global Economy on the S&P 500", S&P Global, March 19, 2018.

91. Tim McAleenan, "John Bogle Doesn't Rebalance His Portfolio", The Conservative Income Investor, November 5, 2019.

92. "2019 RIA Industry Study: Total Average Fee is 1.17%", RIA in a box, July 23, 2019.

93. Financial Industry Regulatory Authority (FINRA) Website, consulted by the author on October 28, 2022.

94. Tom Burroughes, "Family Offices, Wealth Houses Should Re-Think Fee Structures – Study", February 9, 2021.

95. Safal Niveshak, "A Story of Courage and Hope from the Life of Charlie Munger", safalniveshak.com, August 5, 2019.

96. Ibid.

실패한 투자로 겁먹은 당신을 위한 주식 투자법

가장 완벽한 투자

초판 1쇄 발행 2024년 2월 26일
초판 3쇄 발행 2024년 3월 20일

지은이 니콜라 베루베
옮긴이 안희준
펴낸이 김영범

펴낸곳 ㈜북새통·토트출판사
주소 (03938)서울특별시 마포구 월드컵로36길 18 902호
대표전화 02-338-0117
팩스 02-338-7160
출판등록 2009년 3월 19일 제315-2009-000018호
이메일 thothbook@naver.com

ⓒ니콜라 베루베, 2022, 2023
ISBN 979-11-87444-97-8 03320

실전 재테크의 귀재들이 털어놓는
진정한 부에 이르는 길

더 이상 돈에 끌려 다니지 않고
돈 문제에 좀 더 자신감을 갖고 싶은 당신에게

240쪽 | 16,800원

316쪽 | 17,000원

304쪽 | 16,000원

우석의 실패하지 않는
주식 투자법 대 공개

초보자를 위한
투자의 정석

최근 1년 6개월
수익률 530%
공포와 탐욕을 이겨내고
성공투자의 길로 들어서라!

슈퍼리치가 되는
9가지 방법

부의 본능
골드 에디션

〈부의 인문학〉
우석 신화의
신호탄을 쏘아올린
영감 넘치는 재테크 바이블

슈퍼리치로 가는
단계별 실전 돈 공부

젊은 부자의
법칙

지금 막 부자 되기로 마음먹은
당신의 첫 부자 수업
'경험 부자'가 털어놓는
실전 팁 전수

30대 억만장자가 알려주는
'가장 빠른 부자의 길'

일주일에 5일을 노예처럼 일하고
다시 노예처럼 일하기 위해 2일을 쉬고 있는가?

392쪽 | 17,500원

496쪽 | 19,800원

544쪽 | 22,000원

부자들이 말해주지 않는
진정한 부를 얻는 방법

부의
추월차선

휠체어 탄 백만장자는
부럽지 않다.
젊은 나이에 일과 돈에서
해방되어 인생을 즐겨라!

아직 '추월차선'에 진입하지 못한
당신을 위한 선물 같은 책

부의 추월차선 완결판
언스크립티드

'추월차선포럼'에서
3만 명 이상의
기업가들이 검증한
젊은 부자의 법칙!

경제적 자유를 앞당기는
120가지 원리와 전략

부의 추월차선
위대한 탈출

엠제이의 육성이 살아 있는
지상 컨설팅 같은 책
추월차선 법칙의 개념 정립부터
실전 적용까지 완벽 가이드